RECONOCIMIENTOS

En *Identidad Maravillosa,* Linda Breitman desmitifica lo que significa conectarse con Dios y tener una relación con nuestro Creador. Los cristianos se confunden con frecuencia con estos conceptos y les da pena preguntar, "¿qué es lo que realmente significa y cómo llego allá?" Me alegra que Linda nos haya mostrado cómo cruzar el umbral humano para entrar al ámbito celestial. Una vez que hayas experimentado este tipo de intimidad con Dios, querrás volver otra vez. Esos momentos con Dios han sido transformadores para mi vida.

Michele Rigby Assad, Oficial de Inteligencia de la CIA en retiro
Y autora de *Breaking Cover: My Secret Life in the CIA and
What it Taught Me about What's Worth Fighting for.*

Este refrescante libro que llega justo a tiempo fue escrito por Linda Breitman y abarca un espectro completo de nuestra vida Cristiana. No es un libro común y corriente. Contiene las claves indispensables para convertirte en todo lo que Dios te ha creado para que seas- para cumplir con tu destino. A medida que integres los principios a tu diario vivir, caminarás en una nueva dimensión del Espíritu Santo. Yo recomiendo plenamente *Identidad Extraordinaria* como un recurso invaluable de ánimo para ti.

Gary Oates, Autor de *Abre mis Ojos, Señor.*

¡Nuestra salvación es milagrosa! El Reino tiene que ver con vivir más allá de la salvación, con la vida sobrenatural de nuestro nuevo hombre y verdadera Identidad. El libro de Linda Breitman, *Identidad Extraordinaria,* es una invitación para alcanzar una revelación más profunda de la intimidad con Dios. Linda mentorea al lector a medida que presenta principios y pensamientos de manera muy sagaz, con oraciones y activaciones que todo creyente puede alcanzar e incorporar en su vida. ¡Este es un libro que se debe leer por parte de quienes están hambrientos por vivir en Su presencia!

Maria Sainz, RED Seal Ministries, San Diego, CA

El marco usado por Linda para esta serie de estudio de la identidad es la simpleza en su mejor versión. No importa en qué parte de tu caminar cristiano te encuentres, *Identidad Maravillosa* es para ti. Desde el estudio personal, grupal hasta el de tipo conferencia con eventos interactivos, este libro te traerá libertad. La apacible voz del Espíritu Santo te tocará a través de las palabras de Linda y de las proclamaciones que vinculan y que se encuentran en estas páginas que destruirán las fortalezas advertibles en tu vida.

Pastor Mike Ferry, Cornerstone Christian Fellowship, Redmond, Autor de "*Making Disciples, Releasing into Ministry*"

Extraordinaria, lleva al lector en un hermoso "crucero por el río" justo a una experiencia de ambiente 3D con la trinidad. La Escritura nos ordena "presentarnos osadamente ante el trono de la gracia para hallar oportuno socorro" las exhortaciones y las ricas meditaciones escriturales provistas en este libro nos escoltan ante el trono e incrementan el entendimiento de lo que estamos destinados ¡a VIVIR allí! Esta travesía ligada al cielo deleita al alma y acelerará la transformación milagrosa de cada pasajero.

Pastora Claudia Porter, Torch Life Church, Denver, CO

Este libro no solamente nos anima y enseña a incursionar más profundamente con Dios, sino que Linda Breitman evidencia que entiende que las palabras son creativas. Sus declaraciones de la escrituras son "bombas inteligentes" y proféticas que renuevan nuestras mentes, fortalecen nuestra fe y sanan nuestras emociones heridas. ¡Buen trabajo!

Pastora Juanita Childress, Jubilee Legacy International, Jubilee Christian Center, San José, California

¡Es perfecto para ministerios en las cárceles, estudios Bíblicos y en las escuelas! ¡Yo he usado las enseñanzas de Linda sobre la identidad en mi ministerio penitenciario y los resultados han sido fenomenales! *¡Identidad Extraordinaria nos lleva a experimentar a Dios de manera más profunda y más íntima!*

Pastor Pat Winn, Redeemed Ones Jail and Prison Ministry, Inc. Aurora, CO.

Linda es uno de los regalos más maravillosos que Dios le ha dado al cuerpo de Cristo y quien no solamente le enseña a los creyentes acerca de quiénes son en Cristo, sino que ella en sí misma es una revelación de esta verdad. A medida que leas el libro, sentirás la libertad que se derrama sobre ti, desatando las cadenas de condenación sobre tu vida.

Dr. Robert Cathers, Jr, Pastor, The Gathering Place, Simi, CA

Identidad Extraordinaria hace que la visión, la esperanza y la intención se levanten en el lector, ¡incluyéndome a mí! Aunque sé que he sido transformado por estas hermosas palabras en los más de cuarenta y dos años de una búsqueda extravagante de mi Rey y novio, fui fortalecido y animado nuevamente al leer el libro. La Escritura dice, "una palabra dicha a tiempo es como manzanas de oro en canastas de plata". Este es uno de esos libros escritos justo en el momento oportuno, cuando el pueblo de Dios debe saber quién es en ÉL y quién es ÉL en ellos.

Linda hace un trabajo extraordinario al impartir Su identidad de manera muy sencilla pero poderosa que cambiará milagrosamente a quien crea y se tome el tiempo para ser diligente en establecer estas verdades reveladoras en como su base.

Se bendecido abundantemente a medida que eres renovado, reformado y re-identificado como uno "que pertenece al Rey"

Billie Alexander, Limitless Realms Int'l Ministries,
San Diego, CA

¡Identidad Extraordinaria es inspirador! ¿Has experimentado alguna vez un "momento crucial" en tu vida, de esos momentos en que tu vida cambia y tú sabes que no volverá a ser jamás la misma? Linda Breitman abrirá tu corazón, alma y mente a una mayor intimidad con Dios. Este libro puede cambiar tu vida, literalmente. Para personas de fe o para quienes están perdidos- es un libro que "debe leerse". Es conmovedor, convincente y te enseña cómo hacer esa conexión espiritual con Dios. Me gustó mucho y sé que a ti también te gustará.

Blanquita Cullum,
Veteran Broadcast Journalist and Former Governor,
United States Broadcasting Board of Governor

¡Identidad Extraordinaria cambiará radicalmente tu vida! ¡Todos aquellos que leen este libro sabrán quiénes son, a quién pertenecen y el milagro de su ADN espiritual- todo aquello que está a su disposición como hijos amados y escogidos de Dios! Lleno de la Escritura y creativamente interactivo, experimentarás seguridad y gozo incluso en medio de las más duras circunstancias a medida que te determinas a vivir en el amor y el poder del Espíritu Santo fluyendo naturalmente a través de ti cada día. ¡Extraordinario!

Nancy Stafford
Actriz, Conferencista y Autora de *The Wonder of His Love: A Journey into the Heart of God*

Identidad
Extraordinaria

Descubriendo Tu Travesía Secreta

Linda Breitman

Le dedico este libro a mi amado esposo, ¡el Rey Pavo!
Mi experto en gramática, tremendo consejero
y cantante de mi canción favorita,
"amo a una patita, ¡cuac, cuac, cuac, cuac!"

El empezó a vivir en el cielo justo después
de que empezara a escribir este libro,
Pero su memoria vive en estas páginas.
¡Cuac!

ESTOY AGRADECIDA
CON USTEDES...

A mi equipo del libro: ¡Dios me trajo lo mejor cuando las trajo a USTEDES! Franciska Sore, y Suzy Lampe. ¡Las amo!

A mis intercesores: ¡ustedes me guardan la espalda continuamente! Pastor Mike Ferry, siempre estuviste a mi disposición. John y Judy Ross y todo el centro de adoración Cloud Nine Worship Center, su amor es tangible. Hay más personas que oraron por mí, muy numerosas para listarlas. ¡Ustedes saben quiénes son- gracias por sostenerme en oración!

Franciska Sore, quien vive en Croacia, es una asistente virtual maravillosa. Eres extremadamente talentosa y llena de ideas exóticas e innovadoras. Me gusta mucho que seas de aquellas que piensan "fuera de la caja".

Suzy ha sido mi mano derecha a lo largo de todo este proceso. Qué bendición. A veces me llamaba por Facetime para asegurarse de que yo estuviera enfocada. Eres una amiga muy querida.

Estoy agradecida con todos aquellos que tomaron el tiempo para leer el borrador y para escribir un comentario sobre este libro. Particularmente Gary Oates, quien me dio retroalimentación y me colaboró editando. ¡Tuvimos debates magníficos a lo largo de todo este tiempo! Valoro mucho nuestra amistad.

Un agradecimiento especial a Familia Productions, quienes fueron mis excelentes camarógrafos. Nuestras tomas en video tardaron más de lo que se suponía porque nos reíamos durante todo el tiempo. ¡Son geniales!

Muchas gracias a María Terreros por su dedicación y el tiempo dedicado a traducir este material al español para que muchas personas sean bendecidas a través del libro.

Sé que hay muchos más que me apoyaron y que impactaron altamente mi vida. Los amo y los aprecio mucho.

CONTENIDO

Prólogo...13

Introduccion 17

Capítulo 1: Intimidad con la Naturaleza de Dios 23
             Sólo sé Real

Capítulo 2: El Lugar Secreto 39
             Encontrándote con Dios

Capítulo 3: El Viento del Espíritu...............................53
             Dentro de Ti

Capítulo 4: Humildad..67
             No Lo Tienes que Hacer a Tu Manera

Capítulo 5: Completamente Fiel...................................81
             El que Cambia el Juego

Capítulo 6: Confiando en Dios....................................97
             Depende de Él

Capítulo 7: Paz Milagrosa 109
             EL Temor y la Ansiedad No Te Pueden Tener

Capítulo 8: Conoce y Experimenta a Dios 123
             Personal, íntima y realmente

Capítulo 9: Recibiendo Imágenes de Dios.........................135
             Dios Invade Tu Mundo

Capítulo 10: Anímate en El Señor.................................149
             Animarte a Ti mismo es Fortalecerte

PRÓLOGO

En *Identidad Extraordinaria*, Linda Breitman desmitifica lo que significa conectarse con Dios, tener una relación con nuestro Creador. Los cristianos se confunden constantemente con estos conceptos, pero les da pena preguntar, ¿"Qué significa y cómo llego allí?" Me alegra que Linda nos haya mostrado cómo cruzar nuestro umbral humano y entrar al ámbito celestial. Ella nos ha dado una metodología para forjar una relación poderosa con Dios. En vez de simplemente decir que necesitamos conectarnos más con nuestro Creador, ella provee ideas maravillosamente creativas sobre cómo hacer que esto suceda. Oro para que este libro te toque tanto como me ha tocado a mí, a medida que te mueves más cerca de la fuerza más poderosa del universo, el Espíritu de nuestro Dios viviente.

Una vez que hayas experimentado este tipo de intimidad con Dios, querrás volver otra vez. Esos momentos con Dios han sido transformadores de mi vida.

MICHELE RIGBY ASSAD
Oficial de Inteligencia de la CIA en retiro
Y autora de *Breaking Cover: My Secret Life in the CIA and What it taught Me about What's Worth Fighting for*

M uchos de nosotros deseamos tener una relación con Dios más cercana e íntima, ya sea que hayamos profesado a Cristo por cinco minutos o por cinco décadas. ¿Por qué? porque amamos a Dios por todas las cosas que Él ha hecho por nosotros y reconocemos que nuestras vidas son una maratón y no una carrera corta con desafíos del enemigo.

Es por esto que buscar las oportunidades para reconocer la actividad de Dios en nuestras vidas diariamente es tan importante. Y es por esto que me encantó leer *Identidad Extraordinaria* escrito por Linda Breitman.

Identidad Extraordinaria actúa como una guía en el tour de las escrituras desde el mundo caído y natural hasta el mundo espiritual de Dios. Los capítulos del libro abarcan temas sobre cómo podemos profundizar nuestra fidelidad, nuestra humildad y nuestra confianza en Dios.

Algunas cosas que hacen a *Identidad Extraordinaria* un libro maravilloso son su uso de declaraciones, activaciones, oración y de las Escrituras. Linda enfatiza en el significado del tema de cada capítulo con una lista extensa de versículos relevantes.

Aprecio mucho las activaciones, que se enfocan en preguntas o dudas sencillas que los lectores pueden tener sobre el material. Estas activaciones responderán preguntas y vencerán tus dudas.

Muchos cristianos luchan con volver oración la nueva información espiritual, pero *Identidad Extraordinaria* abarca esta lucha con las secciones de cada capítulo de "oración" y de la "palabra celestial".

La sección de oración es una oración de ejemplo para el lector y la oración de la palabra celestial es una oración correspondiente en la "voz" de nuestro Padre.

Identidad Extraordinaria es un manual para transformar nuestra actitud con relación al lugar de Dios en nuestras vidas para vencer los desafíos que las mujeres enfrentan, tales como la muerte del cónyuge o sobrevivir a enfermedades que atentan contra nuestra vida. Linda, como viuda y sobreviviente de cáncer de seno, lleva a los lectores a través de su travesía a un entendimiento profundo del lugar de Dios en nuestras vidas.

El manual provee una oportunidad para la reflexión personal sobre nuestra identidad como hombres y mujeres, para que podamos vernos como Dios nos ve, y no como el mundo nos ve. ¡Las enseñanzas y sus aplicaciones abarcan problemas del día a día en una manera fácil pero milagrosa! ¡Este libro es un ganador!

MELANIE COLLETTE,
Radio Host, Washington, D.C.

La vida eterna significa conocer y vivenciarte
Como el único y verdadero Dios,
Y conocer y vivenciar a Jesucristo,
Como el Hijo que Tú has enviado.

JUAN 17:3 TRADUCCIÓN LA PASION

INTRODUCCION

Tú puedes conocer a Dios personal e íntimamente- y lo puedes *experimentar*. Él te diseñó para disfrutar de una relación profunda y que te vincule con Él. Tenemos la ilusión de que Él está tan lejos y tan fuera del alcance para conocerlo. Pero no es así. Dentro de ti, ahora mismo, hay una travesía oculta presente. Es una travesía reveladora de tu *Identidad Extraordinaria*.

¿Cuál es mi identidad extraordinaria? Te preguntas. Tu verdadera y extraordinaria identidad es verte como Dios te ve. Es experimentar todo lo que Él dice sobre quién eres, por qué te creó, cumpliendo con el propósito de tu vida y vivenciando lo que Dios es para ti. Él te diseñó para tener una relación con Él y para vivir tu vida en todas las maravillas extraordinarias que Te prometió.

Este libro llega a ti hasta donde estás ahora mismo en tu *travesía secreta*. Abrir estas páginas es como emprender una ruta río abajo en el agua viviente- algunas veces navegas suavemente y otras experimentas aceleración ¡por causa de las corrientes de las aguas! La revelación de tu relación personal, uno a uno con Dios será más clara. Él te conoce. Y Él sabe cómo vincularse contigo.

CÓMO ABORDAR ESTE LIBRO

Este libro de diez capítulos te dará un ascenso en la renovación de tu mente con relación a tu *Identidad Extraordinaria*. En Cristo, tu identidad extraordinaria ya existe, tú solamente estás alineándote con ella. Es interactivo y de tu parte –proactiva, brindándote herramientas para envolver tu mente y tu corazón. Cada capítulo contiene:

- Sección de enseñanza
- Declaraciones de Posicionamiento
- Activaciones Experienciales (vivenciales)
- Palabra Celestial

Enseñanza

Cada sección de enseñanza traerá entendimiento a una faceta de tu identidad y probablemente moverá tus emociones hacia un deseo incrementado de tener una relación más profunda con Dios. Tú has sido diseñado para sentir a Dios en tus emociones. Él te dio tus emociones para que sientas cosas. Se supone que debes experimentar a Dios con tus emociones. El fruto del Espíritu es amor, gozo, paz, paciencia, benignidad, bondad, fe mansedumbre y templanza- todo involucra tus emociones.

Dios te diseñó no solamente para saber que Él te ama sino para *experimentar* Su amor. ¡Sí! ¡*Experimenta* Su amor en una relación con Él! Él te creó para sentir Su amor a tal punto que tu respuesta sea creerle, confiar en Él y desearlo. Tú eres Su amado.

La sección de Enseñanza te prepara para moverte hacia las Declaraciones de Posicionamiento.

Declaraciones de Posicionamiento

Las Declaraciones de Posicionamiento son versículos personalizados del Antiguo y Nuevo Testamento que han sido escritos en primera persona para que las digas cada día por siete días. Tú tienes un rol proactivo para reprogramar tu pensamiento sobre Dios. Esto es algo que solamente *tú* puedes hacer. Cada capítulo te ayudará a crear un nuevo hábito de renovar tu mente. Cuando renuevas tu mente, se da lugar a una transformación milagrosa. Tu tarea es renovar tu mente;

Dios lleva a cabo la transformación en tu interior. Romanos 12:2, en la traducción la Pasión, dice:

Dejen de imitar los ideales y las opiniones de la cultura que los rodea, sino que sean transformados interiormente por el Espíritu Santo a través de una reformación total de cómo piensan. Esto los empoderará para discernir la voluntad de Dios al vivir una vida hermosa, satisfactoria y perfecta ante Sus ojos. (Traducción libre al español N.T).

Dado que tú dirás las declaraciones dos veces al día por una semana, te sugiero que te tomes una semana para cada capítulo. No tienes que hacerlo. Este curso es para que absorbas todo lo que quieras. No es una oportunidad para que te des duro con lo que no alcanzas a hacer. Te animo a vincularte con las Declaraciones de Posicionamiento y con las activaciones adicionales para recibir el mayor beneficio de este libro. Si no haces nada del resto, di las declaraciones. Las declaraciones son el corazón de este curso. Hay una transformación increíble que toma lugar si tú *haces* el curso, no solamente si lo *lees*.

Activaciones Experienciales

Las activaciones son interactivas e involucrarán todos tus sentidos. Te ayudarán a vincularte personalmente con el enfoque de identidad de cada capítulo. Así que tómate tu tiempo y disfruta el proceso. Cada sección de activación comienza con una guía y un sistema de seguimiento para hacer las Declaraciones de Posicionamiento. Continúa a lo largo de la semana para realizar las demás activaciones.

Enfoque de la Oración y Palabra Celestial

El enfoque de la Oración es un punto de inicio para ti, una plataforma de despegue. Añade tus propias palabras. La Palabra Celestial refleja la perspectiva de Dios sobre tu identidad extraordinaria.

El Curso Completo

El curso completo puede usarse para grupo de estudio Bíblico, para escuelas de ministerio, para estudiarse con toda la iglesia y para estudio individual. Incluye este libro, un manual y un set de video. El Manual plantea preguntas sobre la enseñanza y te da un lugar para que hagas tu trabajo. El video incluye once videos de la autora que complementan cada capítulo. No es una enseñanza idéntica a la del libro; añade a la enseñanza.

Ahora estás listo para iniciar la travesía secreta hacia tu identidad extraordinaria. Oro para que tengas encuentros maravillosos, intensos y emocionantes así como revelaciones sobre ti. Oro para que haya revelación y cercanía. Oro para que experimentes el amor de Dios. Y oro para que te rías mucho.

*"Acerca tu corazón cada vez más a Dios,
Y Él se acercará mucho más a ti"*

SANTIAGO 4:8 LA PASIÓN

1

Intimidad con la Naturaleza de Dios
Sólo sé Real

Intimo: muy familiar; muy conocido;
Muy cercano; muy personal; de lo más privado.

"Es tiempo de decir adiós. Mi vida ha sido mucho mejor por ti. Nuestro matrimonio ha sido genial por ti. Patica, te amo". Me paré unos minutos más al lado de su cama mientras él le decía a mi hermana tolo lo que la apreciaba también. Un ratico después, caminé por nuestro jardín para procesar lo que acababa de suceder. Lista o no, me enfrentaba a un futuro descocido, sola. Mi esposo y yo nos acabábamos de decir nuestro último adiós.

Corrí nuevamente a su cama en la sala llorando. "Siento mucho que me tengas que ver así" dije.

Su mirada era fija. Surreal. Mirando a lo profundo de mi alma, dijo, *"Sé real (genuina).*

Incontables veces habíamos corrido el uno al otro para pedirnos consejos en los treinta y tantos años que llevábamos casados. Su pieza final de sabiduría es mi más preciado tesoro.

Pregunté, "¿hice todo bien? ¿Tú no querías estar en el hospital, cierto? Querías estar en casa, cierto" Respondió que sí.

Y esa noche murió.

Su consejo final para mí era como el oro: *Sé real.*

Hay momentos en la vida en donde llegamos al final de nosotros mismos. Sin tener a dónde ir, a dónde correr, nos sentimos inquietos por dentro y de una manera u otra sabemos que acercarnos a Dios es la única manera de encontrar el siguiente lugar realmente. De cara a mi dolor, tuve que enfrentarme a lo "real". Mi travesía secreta demandaba cercanía a Dios. Y allí fue cuando vino la visión. Vi hacia dónde me estaba llevando Él- al lugar ancho. Ese lugar no era como nada de lo que yo había conocido antes. Dios y solamente Dios podría llevarme hasta allí. Él era la puerta. Pude sentir lo nuevo y renaciente, un renacer de la intimidad con la naturaleza de Dios.

> *"Su amor abrió el camino y me trajo a un lugar amplio.*
> *Me rescató porque su deleite está en mí"*
> *(Salmo 18:19 Traducción La Pasión)*

Dios nos ha invitado a cada uno de nosotros a venir a Su presencia con confianza, a *encontrarlo*- a Él nuestro omnisapiente, el que todo lo ve, el omnipresente, el Dios milagroso. Conocer más íntimamente a Dios desarrolla tu entendimiento y tu conciencia sobre tu identidad extraordinaria. El Dios milagroso se conecta contigo, el extraordinario. Él te saca, saca al extraordinario que está en ti y te guía a una vida milagrosa con Él. Conocerlo a Él más íntimamente te coloca automáticamente en el ámbito de los milagros, las señales y los prodigios- porque esas son cosas que Él hace y tú eres Su colaborador. Ya sea que seas un creyente relativamente nuevo o un creyente de vieja data- siempre hay más, siempre hay una intimidad más profunda con Dios. ¡El mundo milagroso y extraordinario de Dios es ilimitado!

Después de decir que "Sí" a esta relación con Dios, no estaba segura de *cómo* acercarme a Él exactamente. Leí un libro sobre cómo orar una hora al día. El libro me dio una estrategia que me permitió empezar, pero yo deseaba una amistad con Dios que fluyera entre los dos más naturalmente. Algo fluido y orgánico –como dos mejores amigos honestos y buenos- que se disfrutan el uno al otro. Comencé a sacar tiempo para derramar mi corazón ante Él y para estar con Él. Me levantaba en medio de la noche, cuando mi mente estaba más acallada. Era perfecto para mí-no había distracciones. En la quietud de la noche, le expresaba mis pensamientos más íntimos. A medida que mi relación con Dios el Padre comenzó a profundizarse y a crecer, la intimidad crecía entre nosotros y aprendí que Él también quería estar *conmigo*. Él *quería* pasar tiempo conmigo- Él *me disfrutaba*. Él *me amaba*.

> *"Recostado me quedo despierto pensando y meditando en la manera en que me ayudas como un padre. ¡Canto en la noche a la sombra de tus alas, ofreciéndote mis canciones de deleite y gozo! Te busco con pasión y me aferro a ti. Como siento tu fuerte abrazo, mantengo mi alma cercana a tu corazón" (Salmo 63:6-8 Traducción La Pasión)*

Al compartir cómo mi relación con Dios creció y se desarrolló, debo enfatizar que una vez invitas a Jesús para ser el Señor de tu vida, no hay una fórmula para cómo acercarse más a Dios. Es una relación real. Tú tienes tu relación propia, especial, personal con Dios y tu propia manera en la guía del Espíritu de conocerlo a Él más íntimamente. La clave es encontrar momentos para apartarse, estar a solas y darle a Él toda tu atención.

Yo encuentro tiempos y momentos donde puede estar sola y libre de distracciones. Con valentía, confianza y humildad (Heb. 4:16), respondo a Su invitación perenne de estar con Él. Volcando toda mi atención hacia Dios, mi corazón clama, *"Quiero más de Ti, Señor. Quiero conocerte más. Quiero entrar más profundo en Tu presencia".*

En algunos momentos, la presencia de Dios me sobrecoge en ese lugar. Cuando Su presencia tangible me rodea, no quiero mover ni tan siquiera un músculo. Puede que esté de rodillas, sentada o acostada; la habitación se siente densa con Su presencia. Con mis manos levantadas, continúo yendo más allá. Mi corazón y mi mente se alinean hacia Dios. Cada fibra de mi ser se postra ante Él, enfocándose en Él. Soy cautivada por Su presencia. Dentro de mí, siento como algo que me hala; siento que Él se acerca a mí a medida que yo me acerco a Él. Mi espíritu anhela más, más de Dios, más de Su presencia e intimidad. Soy consciente de un retumbar en mi estómago, donde ríos de agua viva se remueven y sacuden. Su Espíritu me está llamando más allá, donde lo más profundo de mi ser se conecta profundamente con Sus profundidades inescrutables. He llegado a ese lugar íntimo donde *"un abismo llama a otro abismo..."* (Salmos 42:7)

> *"Mira que estoy a la puerta y llamo. Si ALGUNO oye mi voz y abre la puerta, entraré y cenaré con él, y él conmigo".* (Apocalipsis 3:20 NVI)
>
> *"Me buscarán y me encontrarán cuando me busquen de todo corazón"* (Jeremías 29:13 NVI)

La intimidad con Dios está a disposición de todo creyente, incluyéndote a TI. Él mismo lo dijo,

Dios nos está llamando a una amistad íntima con Él.

Un cambio poderosamente significativo y sobrenatural sucede cuando alcanzamos este momento crucial. Sabemos que no podemos continuar con nuestra vida como solíamos cuando nuestro ser clama *"necesito más de Ti, Dios. Realmente quiero conocerte".* Si quieres más de Él en tu vida, pídele una mayor intimidad y luego dale el lugar. Dale cada cosa a la que le das un valor supremo: Dale tu *tiempo*. La verdad es que cuando te tomas el tiempo para acercarte a Él, Él se acerca a ti. Quiero que sepas que esto es para TI.

Hay otro punto que quiero dejar claro: aunque sentir Su cercanía es maravilloso, algunas veces casi no siento nada. Cuando no siento nada, no significa que Él me ha dejado o que hay algo malo en mí. Estas temporadas de dicha sensación nos suceden a todos. Experimentamos Su presencia de maneras tangibles y algunas veces estamos allí por fe. Caminar con el Señor se caracteriza por la fe, no simplemente por el hecho de sentir o ver. Lo principal es acercarse a Dios.

No tienes que intentar ser todo o hacer cualquier cosa especial. Tienes acceso a Él 24/7. Simplemente confía en Él tal como lo harías con un amigo cercano. Cuéntale secretos, que Él te dirá secretos también. Eso es lo que hacen los amigos cercanos. Comparten los secretos íntimos de su corazón (Prov. 3:32). No tienes que haberte graduado del seminario o ser ilustrado de la Biblia. No tienes que ser un pastor, un anciano, profeta o la madre Teresa. Simplemente tienes que ser tú.

La siguiente sección es activación de alto nivel en donde tomarás con determinación una posición, una postura como hijo o hija amada del Altísimo y le hablarás palabras íntimas a Dios. Nosotros renovamos nuestras mentes de manera proactiva. No es algo por lo que oramos y le pedimos a Dios que haga. Lo hacemos intencionalmente.

Este es tu tiempo personal con Aquel que te creó. Habla palabras de amor sobre quién eres en realidad y sobre quién es Dios en realidad, entra a Su presencia. Estos versículos son poderosos. Encuentra un lugar privado donde no te molesten. Di con ternura estas declaraciones con un corazón aquietado que busca.

DECLARACIONES DE POSICIONAMIENTO

INTIMIDAD CON LA NATURALEZA DE DIOS

Oh Dios, tú eres mi Dios; yo te busco intensamente (Salmo 63:1,2)

Anhelo con el alma Tu presencia. ¡Mi corazón y mi carne claman por Ti! (Salmo 84:2)

Mi alma tiene sed de Ti, todo mi ser te anhela, cual tierra seca, extenuada y sedienta. (Salmo 63:1)

Te he visto en el santuario y he contemplado Tu poder y Tu gloria (Salmo 63:2)

Revélate a mí, Señor. Revélate (Salmo 63:1,2)

Amo estar en Tu presencia Señor. ¡Vale más pasar un día en tus atrios que mil fuera de ellos! (Salmo 84:10)

En mi lecho me acuerdo de Ti; pienso en Ti toda la noche. (Salmo 63:6)

¿A quién tengo en el cielo sino a Ti? Si estoy contigo, ya nada quiero en la tierra (Salmo 73:25)

Anhelo tener una cercanía celestial contigo. Atráeme a Ti! ¡Y correré en pos de ti! (Cantares 1:4)

¡Grato es tu amor, más que todo lo que este mundo tiene por ofrecer! (Cantares 1:2)

¡Cual ciervo jadeante en busca del agua, así te busca, oh Dios, todo mi ser! (Salmo 42:1)

Te amo Señor con todo mi corazón, con toda mi alma, con toda mi mente y con todas mis fuerzas. (Marcos 12:30)

¡Me apasiona conocerte! (Juan 17:3)

Muéstrame cosas grandes y poderosas que no podría saber ni entender si no fuera por Ti (Jer. 33:3)

Muéstrame cosas maravillosas que no podría descubrir por mí mismo (Jer. 33:3)

Irradio de amor por Ti, Señor (Cantares 6:13)

Mi rostro brilla de amor por Ti (Cantares 6:13)

En tu presencia Señor, medito en tu gran amor (Salmos 48:9)

Pues tu amor es tan grande que llega a los cielos; Tu fidelidad llega hasta el firmamento (Salmo 57:10)

Amo el sonido de Tu voz... ¡y lo sigo! (Juan 10:27)

Al acercarme a Ti, Tú te acercas a mí (Sant. 4:8)

Cantaré a la sombra de Tus alas (Salmo 63:7)

Permanezco cerca de Ti (Salmo 63:8)

Entro a Tu presencia de manera confiada y valiente (Heb. 4:16)

Yo encuentro en Ti gracia y oportuno socorro en tiempos de necesidad (Heb. 4:16)

Tú eres mi refugio (Salmo 32:7)

Estoy quieto y sé que Tú eres Dios (Salmo 46:10)

Medito en Tus proezas y evoco tus obras poderosas (Salmo 77:12)

Medito en todas las cosas maravillosas que has hecho (Salmo 77:12)

Te busco y Tú me respondes. Me libras de todos mis temores (Salmo 34:4)

Soy un adorador extravagante (Cantares 5:10-16)

Te adoro en espíritu y en verdad (Juan 4:23)

Tú me das sueños y visiones y encuentros con el Espíritu Santo (Joel 2:28)

Yo no vivo solamente de pan, sino de que cada palabra que sale de Tu boca (Mateo 4:4)

Estoy saturado de tu amor y de tus afectos (Cantares 4:1-10)

¡Te cautivo! ¡Mi amor es una delicia para Ti, Señor! (Cantares 4:1-10)

¡Iré donde quieras que yo vaya! ¡Haré lo que Tú quieras que haga! (Cantares 4:16)

¡Soy una novia enferma de amor! ¡Desfallezco de amor por Ti! (Cantares 2:5)

¡Mi amor por ti son como muchas llamas de fuego que las aguas no pueden apagar! (Cantares 8:6,7)

¡Sé que me deseas! ¡Sé que me buscas! (Cantares 7:10)

Sé que amas pasar tiempo conmigo. (Cantares 7:10)

¡Yo soy tuyo! ¡Soy de mi amado, y mi amado es mío! (Cantares 6:3)

Tú me llenas de gozo en Tu presencia, hay delicias a tu diestra. (Salmo 16-11)

Me deleito en Ti Señor y te entrego los deseos de mi corazón (Salmo 37:4)

Tengo la confianza de que nunca me dejas ni me abandonas (Heb. 13:5)

Tú me has mostrado el camino de la vida (Salmo 16:11)

¡Me llenas de gozo en tu presencia! (Salmo 16:11)

Nada me puede separar de tu amor (Rom.8:39)

¡Canto de tu amor para siempre! ¡Declaro que Tu amor dura para siempre! (Salmo 89:1,2)

Una cosa te pido, y ésta busco: que habite en Tu casa Señor todos los días de mi vida. (Salmo 27:4)

Te busco con todo mi corazón (Salmo 119:10)

DECLARACIONES DE POSICIONAMIENTO

- Cuando te cueste creer un versículo de posicionamiento, prácticamente has estado creyendo una mentira. Nota lo siguiente: este es un lugar de tu mente que necesita ser reajustado con la verdad de Dios. Escribe la mentira y después, escribe la verdad según la Palabra de Dios.

- Puedes orar, *"Dios, perdóname por haber creído esa mentira, quebranto el acuerdo que establecí con ella. Perdóname. Sana el lugar lastimado de mi corazón en donde estaba la mentira. Llena mi corazón y mente con Tu verdad al hablar Tu Palabra. En el nombre de Jesús. Amén".*

ACTIVACIONES EXPERIENCIALES

CLAVANDO HACIA LO MÁS PROFUNDO

Primera Activación

Esta activación es una de las más importantes de este estudio de tu *Identidad Extraordinaria*. Personalizar los versículos te permite adueñarte de ellos para que se hagan parte de ti. Jesús le dijo a las multitudes,

---

"Busca primeramente el reino de Dios y Su justicia, y todas las demás cosas vendrán por añadidura". (Mateo 6:33)

Sumérgete en la Intimidad con la Naturaleza de Dios. Permite que las declaraciones de posicionamiento caigan en tu espíritu. La Palabra de Dios está viva y vivirá dentro de ti. Los versículos personalizados te moverán de tu mente a tu espíritu al lugar donde el abismo llama al otro abismo.

Di los versículos en voz alta durante una semana. Dilos con ternura en voz alta dos veces al día- en la mañana y justo antes de acostarte. Después de una semana, escoge diez de los versículos personalizados para decirlos una vez al día por lo menos durante treinta días. Una revelación aumentada de la intimidad con Dios empezará a ser parte de ti. Renovar tu mente es una acción que hacemos intencionalmente, y en esta semana tú vas a buscar la intimidad con Dios a propósito. Al hacerlo, vas a derrumbar las fortalezas mentales que le sean opuestas. Estás proclamando revelación a la atmósfera a *tu alrededor* y *dentro de ti*. Tú eres un guerrero. Alguien que persigue y busca. Eres diligente. Valiente. Peligroso. El temido campeón. Yendo más profundo. Yendo más allá. Que un hambre profunda se mueva dentro de ti. Dos veces al día.

Segunda Activación

> "Acérquense a Dios y Él se acercará a ustedes (Santiago 4:8)

El amor de Dios por nosotros es tan vasto, tan profundo, tan ancho y Él nos invita a ese amor diariamente. Algunas veces es fácil correr a Sus brazos amorosos y pasar tiempo con Él; algunas veces es difícil. A medida que te posicionas, tal vez encontrarás difícil creer plenamente que puedes tener una relación cercana y personal con Dios. Puede que estés pensando que no oras lo suficiente o que no conoces la Biblia lo suficiente. Puede que estés pensando que por las cosas que has hecho en el pasado y los errores que has cometido, es imposible que este tipo de cercanía con Dios esté a tu disposición. Puede que estés pensando que no eres digno de venir ante la presencia de Dios. Puede que haya un lugar profundo en tu interior en donde sientes que no eres importante. Todo esto es mentira.

¿Adivina quién es el que no quiere que tú te acerques más al Dios del universo?

El primer paso consiste en que tu mente sea *renovada*. Para esta activación, nos enfocaremos en un versículo primordial que contrataca estas mentiras. Todo aquel que se acerca a Dios, Dios se acerca a él. Nadie es excluido.

Escribe este versículo en un papel o en una nota que puedas pegar y ponlo en el espejo de tu baño o en tu nevera o en el parabrisas de tu carro, o en cualquier lugar que frecuentes. Cuando lo veas, decláralo.

Pídele a Dios que te perdone por creer que no podrías tener una amistad cercana con Él. De manera verbal y audible quebranta el acuerdo que has hecho con esa mentira, di:

Señor, perdóname por creer que no podía acercarme a Ti. Perdóname por juzgarme tan duramente. Esta mentira me ha impedido acercarme a ti y creer que Tú te acercarás a mí. ¡Pero todo eso cambia AHORA! En el nombre de Jesús, quebranto el acuerdo con esa mentira. ¡Declaro que esa atadura es deshecha! Señor, sana el lugar herido de mi corazón en donde esa mentira se posó. ¡De ahora en adelante, sé que cuando me acerco a Ti, Tú te acercas a mí! Quiero acercarme a ti tanto como pueda. ¡Y luego de que esto pase, quiero estar aún más cerca!

Tercera Activación

Busca un lugar privado donde puedas ir y pasar tiempo con Dios. Puede ser una esquina de tu jardín, el carro e incluso tu closet. Lleva contigo papel y la Biblia. Espera en Él y escucha. Pídele que te diga lo que hay en Su corazón. Él te dirá lo que está en Su corazón. Escucha y escribe lo que estás sintiendo. Si no estás sintiendo mucho, está bien. Continúa practicando estar en Su presencia. Si te falta un gran deseo de conocerlo y pasar tiempo con Él, simplemente pide que te sea dado ese deseo.

Cuarta Activación

Escucha música que realmente te conduzca a la presencia del Señor y siéntate completamente quieto, con tus ojos cerrados, enfocando cada parte de tu ser en Él y solamente Él. Luego, apaga la música para vincularte aún más con Él. De esta manera, no seguirás la letra o el ritmo de la música. Estarás quieto ante Él. Pídele que se te revele. Pídele que te muestre como te ve. Pídele cualquier cosa sobre tu vida. Habla de lo que quieras y de todo lo que quieras. Ser íntimo quiere decir que se ven el uno al otro.

Al pasar tiempo con Dios, dibuja lo que sientes que Él te está mostrando. Me encanta hacer esto. Saco crayolas y colores y dibujo como una niña de tercer grado y sé que a Él le fascina (en el manual encontrarás espacio para esto). ¿Qué otras cosas creativas podrías hacer con Dios?

ENFOQUE DE ORACIÓN

INTIMIDAD

Señor, deseo tener un lugar de mayor intimidad contigo. Vivo de pasión por Ti. Quiero conocerte más. Deseo comprender las maravillas de tu propia naturaleza y ser transformado continuamente a tu semejanza. Te busco con todo mi corazón. Amén.

PALABRA CELESTIAL

Amado, me buscarás y me encontrarás cuando Me busques con todo tu corazón. Me gusta mucho que me busques. Eres muy precioso para Mí. ¡Te has robado mi corazón, novia mía, con una sola mirada de tus ojos! Cuán deleitoso es tu amor, novia mía. Déjame oír tu voz!

JEREMÍAS 29:13
CANTAR DE CANTARES 5:6; 4:1,9, 10; 8:13

"El que habita al abrigo del Altísimo morará
bajo la sombra del Omnipotente."

SALMO 91:1

2

El Lugar Secreto
Encontrándote con Dios

Lugar Secreto: Esconder u ocultar; mantener cerca.

El lugar secreto del Altísimo no es de este mundo. Se encuentra en el mundo de Dios, en el ámbito espiritual. La belleza del lugar secreto radica en que es un lugar seguro, un lugar oculto, un ámbito en el espíritu, donde encuentras refugio, alejado ciertamente de la contienda de este mundo. Es un lugar donde puedes escuchar las canciones del cielo y disfrutar de la dulce compañía con Dios. Es allí en donde encuentras descanso para tu alma, donde tu espíritu es revitalizado y donde tu cuerpo es renovado. El Dios Altísimo ha extendido Su invitación al lugar secreto a todos aquellos están sedientos. El llamado es para todos aquellos que están hambrientos de una mayor cercanía a Dios. *¡Vengan! ¡Dejen que todos aquellos que estén sedientos vengan!*

Cuando te retraes para estar en quietud con Dios, puedes entrar al lugar secreto. En el lugar secreto del Altísimo, eres un guerrero y eres un amante- un amante que ama apasionadamente a Jesús, siempre deseando más de Él. También eres un guerrero que busca agresivamente a Dios y a Sus promesas proféticas. La combinación del amante/guerrero te hace impredecible ante los ojos del mundo porque deseas hacer sólo lo que ves al Padre hacer. No eres guiado por las circunstancias o movido por el hombre. Caminas al ritmo del cielo.

Cuando pasas tiempo con Dios, te vuelves más y más como Él. Eres transformado en Su presencia. Es como adquirir los atributos de un buen amigo con el que pasas tiempo frecuentemente. Así como cuando empiezas a usar las mismas frases de tu amigo y empiezas a pensar como él, asimismo empiezas a acoger el carácter de Dios cuando pasas tiempo con Él y lo conoces. A medida que te satures con Su presencia, los yugos de opresión se pudren y las prisiones invisibles que te mantenían cautivo son debilitadas y disueltas, yéndose con la corriente. Eres limpiado y refrescado en el lugar del Altísimo. Él te da Su yugo- un yugo que es fácil y ligero- a cambio del tuyo.

Al ser sanado y refrescado, es natural que seas llenado con Sus pasiones. En ti crece un deseo de aprender lo que hay en el corazón del Padre. En el lugar secreto crece en ti el amor por las personas y tu capacidad para amar se expande. Él te permite amar desde un lugar desinteresado en donde las intenciones de tu corazón son aún más puras. Amas la Novia y amas al que no es amado. Todo por causa de Él.

Sin embargo, en este lugar secreto aún hay más tesoros. Más allá de tu acción de gracias, tu alabanza y adoración. Más allá de tus peticiones y oraciones. Incluso más allá de hablar con Él en el idioma celestial y en los gemidos del Espíritu, si sigues buscando y estás dispuesto a estar callado, entras a una comunión profunda y quieta con Él. Ese es el *"estar quietos y saber que Yo soy Dios"*. Es ese lugar. La palabra "saber" no significa un conocimiento intelectual- sino uno experiencial, vivencial. Eres uno con Él- y estás en Él y Él en ti. La revelación se presenta cuando estás en lo profundo del lugar secreto del Altísimo. Si tan sólo puedes *estar* con Él en quietud, Él te revela tantas cosas. Allí, Él te muestra cosas que son grandes e inalcanzables y que no sabrías de no estar allí. Si anhelas una mayor revelación, posiciónate para ir más allá en el lugar secreto.

Identidad Extraordinaria no es un libro "sobre cómo hacer". Ni siquiera es un libro de auto ayuda. *Identidad Extraordinaria* es un libro diseñado para mover en ti un hambre por comprender no solamente cuán extraordinaria es en realidad tu identidad sino también para catapultarte a una mayor intimidad con Dios. Sospecho que ya te está pasando algo, porque me está pasando a mí mientras escribo. El solo hecho de hablar sobre conocerlo más íntimamente mueve un mayor deseo dentro de mí de apartarme y estar a solas con Él.

La siguiente sección es una activación de alto nivel en donde de manera intencionada tomarás posición, una posición como hijo o hija amada del Altísimo y hablarás palabras íntimas de habitar en el lugar secreto. Nosotros renovamos nuestras mentes de manera proactiva. No es algo por lo que oramos y le pedimos a Dios que haga. Lo hacemos intencionalmente. Con palabras amorosas que fluyan de tu boca sobre quién eres en realidad y sobre quién es Dios, entra a la presencia de Dios. Estos versículos son poderosos. Encuentra un lugar privado donde no te distraigan o interrumpan. Habla estos decretos de manera tierna, con un corazón apacible y que busca.

DECLARACIONES DE POSICIONAMIENTO

EL LUGAR SECRETO

Yo habito al abrigo del Altísimo (Sal.91:1)

¡Yo moro bajo la sombra del Omnipotente! (Salmo 91:1)

Tú eres mi refugio y mi fortaleza; Mi Dios, en quien confiaré. (Sal. 91:1)

Tú me cubres con Tus plumas y bajo Tus alas estaré seguro. (Sal. 91:4)

Tu fidelidad es mi escudo y mi adarga (Sal.91:4)

Porque Tú me esconderás en tu tabernáculo en el día del mal;
Me ocultarás en el lugar secreto de Tu tienda.
Me pondrás en alto sobre una roca (Sal. 27:5)

En lo secreto de tu presencia me esconderás de la conspiración del hombre. (Sal. 31:20)

Estoy a salvo Contigo. Tú eres mi lugar de refugio. (Sal. 18:2)

Estoy quieto y sé que eres Dios (Sal. 46:10)

Estoy calmado y acallo mi alma (Sal. 131:2)

Y el efecto de la justicia será paz; y la labor de la justicia, reposo y seguridad para siempre. (Isa. 32:17)

Mi fortaleza está en la quietud y la confianza. (Isa. 30:15)

Estoy quieto ante Ti y espero pacientemente por Ti (Sal. 37:7)

Mas Jehová está en su santo templo; calle delante de él toda la tierra. (Hab. 2:20)

Estoy sentado con Jesús en lugares celestiales. Veo las cosas y conozco las cosas que no podría conocer desde este lugar celestial. Tú eres quien Revela. (Efe. 2:6)

Yo tengo una comida spiritual que comer, que los demás no conocen. (Juan 4:32)

Vengo a Ti en Tu jardín, Tomo parte de los aromas… como el panal…la leche y el vino. ¡Bebo profundamente de Tu amor! (Cant. 5:1)

Tú eres mi refugio. (Sal. 32:7)

Tú me guardarás de la angustia. (Sal. 32:7)

Tú me rodeas con cánticos de liberación. (Sal. 32:7)

Tú eres la defensa del indefenso, refugio en la tormenta, sombra en el calor. Tú eres todo para mí. (Sal. 25:4)

Contigo mi alma encuentra Descanso. ¡Qué descanso más dulce! (Mat. 11:28)

Cuando estoy sediento, vengo a Ti. Bebo y quedo satisfecho. (Juan 7:37)

¡El Ángel de Jehová acampa a mi alrededor y Él me defiende! (Sal. 34:7)

En el Señor encuentro refugio. Su fidelidad es mi escudo y mi adarga. (Sal. 91:4)

Soy guardado y protegido del mal. (Juan 17:15)

Estoy escondido con Cristo en Dios. (Col. 3:3)

Como Jerusalén tiene montes alrededor de ella, así Jehová me rodea desde ahora y para siempre. (Sal. 125:2)

En Dios alabaré su palabra;
En Dios he confiado; no temeré;
¿Qué puede hacerme el hombre? (Sal. 56:4)

Algunos confían en carros, y otros en caballos,
Pero yo confío en el nombre de mi Dios. (Sal. 20:7)

Entro en el descanso del Señor. (Mat. 11:28)

Jesús es mi paz. (Efe.2:14)

Salgo con alegría y regreso con paz.

Tú me cuidas y te encargas de mí sin importar
dónde esté. (Isa. 55:12)

Estoy en completa paz porque mi mente está
enfocada en Tú.

Confío en Ti. (Isa. 26:3)

Echo sobre Ti toda mi carga y Tú me sostienes.
Tú no permites que los justos caigan. (Sal. 55:22)

Echo toda mi ansiedad sobre Ti porque Tú me
cuidas. (1 Pedro 5:7)

Tú eres mi refugio y mi fortaleza y eres una ayuda
continua en tiempos de angustia. (Sal. 46:1)

Tú mantienes encendida mi lámpara. Conviertes
mis tinieblas en luz. (Sal. 18:28)

Veo visiones y sueño sueños.
Conozco cosas secretas que me son dadas por Ti.
(Joel 2:28)

A Tí Jehová he puesto siempre delante de mí;
Porque estás a mi diestra, no seré conmovido.
(Sal. 16:8)

No le temo al terror nocturno,
Ni a la saeta que vuela de día,
Ni a la pestilencia que anda en la oscuridad,
Ni a la mortandad que en medio del día destruye.
(Sal. 91:5-6)

Caerán a mi lado mil,
Y diez mil a mi diestra;
Mas a mí no llegará. (Sal. 91:7)
Estoy guardado a la sombra de Tus alas. (Sal. 17:8)

Estoy guardado en el lugar secreto. El lugar
secreto donde me encuentro contigo. A salvo,
apartado contigo. En el lugar secreto. (Sal. 31:20)

DECLARACIONES DE POSICIONAMIENTO

- Cuando te cueste creer un versículo de posicionamiento, prácticamente has estado creyendo una mentira. Nota lo siguiente: este es un lugar de tu mente que necesita ser reajustado con la verdad de Dios. Escribe la mentira y después, escribe la verdad según la Palabra de Dios.

- Puedes orar, *"Dios, perdóname por haber creído esa mentira, quebranto el acuerdo que establecí con ella. Perdóname. Sana el lugar lastimado de mi corazón en donde estaba la mentira. Llena mi corazón y mente con Tu verdad al hablar Tu Palabra. En el nombre de Jesús. Amén".*

ACTIVACIONES EXPERIENCIALES

ENTRANDO AL LUGAR SECRETO

Primera Activación

El hecho de que estés leyendo este libro indica que tienes un deseo de tener una relación que no sea superficial con Dios. Quieres más. El deseo dentro de ti ocasiona que te vuelvas militante y que busques agresivamente a Dios. La identidad extraordinaria significa estar maravillosamente cerca de Dios y entrar al lugar secreto a través de una relación profunda con Él.

Lee los versículos personalizados dos veces al día- como primera actividad del día y justo antes de acostarte. Luego, por una semana, escoge diez versículos para continuar proclamándolos durante los siguientes treinta días. Este no es un ejercicio religioso. Estás renovando tu mente de manera proactiva. Esto requiere disciplina. Y sí, algunas veces puede que no tengas ganas de hacerlo. Hazlo de todos modos. Desarrolla la perseverancia. Entrega tu pasión y tu fuerza a buscarlo (Heb. 11:6) Escribe los versículos personalizados o inicia un archivo de posicionamiento en tu computador y aborda los diez versículos.

Te animo a hacerlo. Lo puedes lograr. Estás desarrollando un hábito, un estilo de vida.

> *"Abrimos nuestras puertas a Dios y descubrimos que al mismo tiempo Él ya ha abiertos Su puerta para que nos hallemos parados donde siempre confiamos que nos pararíamos- en el espacio abierto y ancho de la gracia y la gloria de Dios, parados erguidos y cantando nuestra alabanza"* (Romanos 5:2 Biblia el Mensaje).

Segunda Activación

¡Abrimos la puerta y nos dimos cuenta de que Él ya está allí! Dios es persistente. Te atrae continuamente a Su lugar secreto, al lugar secreto de Su presencia. Anhela ir allí con Él, pero tal vez te ha costado acercarte cuando abordabas los versículos. Si fue difícil creer en alguno de los versículos, escoge algunos de ellos y escríbelos.

Luego, pídele a Dios que te muestre por qué tuviste dificultades creyéndolos. Cuando te cuesta creerle a Dios, definitivamente hemos creído una mentira- algo que está en oposición a lo que Dios ha dicho. ¿Recuerdas cómo fue que la serpiente conllevó a que Eva cuestionara a Dios y creyera una mentira? La serpiente le dijo a Eva, *"Con que Dios ha dicho..."* (Gén. 3:1).

Pídele a Dios que te muestre la mentira que has asumido en lugar de la verdad del versículo. Una vez que veas la mentira, acalla tu corazón y pídele a Dios perdón por creerla. A continuación, quebranta de manera verbal el acuerdo que tenías con esa mentira. Di: *"Señor, siento haber creído en esa mentira. Me mantuvo lejos de creer Tu Palabra. En el nombre de Jesús, quebranto el acuerdo con esa mentira. ¡La atadura se ha roto! Desde ahora en adelante, creo"* Di el versículo nuevamente con tus propias palabras.

Ahora tómate un tiempo para permitirle a Dios que sane cualquier lugar de tu corazón que había sido afectado por la mentira. Di *"Señor, sana el lugar lastimado de mi corazón por la entrada de esa mentira. Yo "*

Se genuino. Se transparente. Ten presente que Dios te acerca al sanar tu corazón. Dios está interactuando continuamente contigo. Él te atrae, te da revelación y te transforma continuamente. A medida que abordes *Identidad Extraordinaria* lograrás reconocer cómo Dios siempre está vinculado contigo. Y tu sensibilidad al Espíritu de Dios se expandirá. Hacia allá iremos en el siguiente capítulo. ¡Va a ser increíble!

Tercera Activación

La tercera activación es una activación muy experiencial o vivencial para entrar y ser parte del lugar secreto del Altísimo. El lugar secreto puede ser una locación física en donde tú te encuentras con Dios, pero se refiere con mayor frecuencia a un estado de tu alma en relación con Dios. Nos encontramos con Él en lugares secretos del corazón. Allí, tenemos comunión con Él- transparente y honestamente. Mateo 6:6 nos ofrece una gran descripción:

> *"Mas tú, cuando ores, entra en tu aposento, y cerrada la puerta, ora a tu Padre que está en secreto; y tu Padre que ve en lo secreto te recompensará en público".*

Después de posicionarte en los versículos del lugar secreto, piensa en el lugar secreto como estando en tu interior. Cierra los ojos y enfócate en un lugar profundo de tu interior. Posiciónate en ese lugar interno y pasa tiempo con Dios. Mantén las cosas sencillas. Simplemente mantente en silencio y relájate. Relaja todo tu ser en este lugar de soledad con Él. Mira y detalla si puedes sentir Su presencia allí.

Si tienes el manual, puedes escribir acerca de tu tiempo con Él.

Cuarta Activación

Cuando estás en el lugar secreto, te posicionas a ti mismo desde donde realmente estás sentado- donde te levantó Dios y te puso con Cristo sentado con Él en los lugares celestiales más allá de todo dominio y autoridad, más allá de todo gobierno y poder, y más allá de toda manifestación (Efesios 1:20-23;2:6). Wow! Así es, ese eres tú allí.

Piensa en alguna circunstancia que está intentando desatar una tormenta en tu vida. Declárale que tú estás sentado en lugares celestiales con Cristo Jesús. Sopesa en serio esta verdad.

Re-escribe estos versículos de Efesios con tus propias palabras. Háblale a tu situación desafiante usando las palabras de estos versículos. Estos versículos reflejan el lugar secreto. Llévalos más cerca del lugar más secreto de tu vientre. ¡Desde tu vientre- que es tu ser más interno- y que es el lugar desde donde fluyen ríos de agua viva! Piensa al respecto. Cierra tus ojos y siente los ríos de agua viva (Juan 7:38). Mira el versículo, ahora cierra tus ojos y enfócate en esta verdad. Medita seriamente al respecto. Escúchame. No vuelvas afanosamente a tu vida. Este es tu tiempo. Entrégale a Dios aquello que es nuestro bien más preciado: tu tiempo.

Quinta Activación

El diccionario define la palabra *refugio como una condición de estar a salvo o bajo cobijo y sin estar expuesto a la persecución, el daño o los problemas.* Si revisas la concordancia Strong #4268, la verás definida como un abrigo (de manera literal o figurada)- como esperanza, un lugar de refugio, cobijo y confianza. Como lo haría un niño, dibuja una imagen del lugar secreto- tu lugar de refugio.

¿Cuáles son los colores? ¿Hay algunos sonidos? ¿Alguna fragancia? ¿Alguna atmósfera?

Encontrarás que en el manual hay un lugar para plasmar esa imagen interior sobre el papel. Sé como un niño y dibuja más allá de las líneas. En otras palabras: no pienses que tienes que crear una obra de arte perfecta. Dibuja desde tu corazón. ¡A Dios le encanta que hagas esto! Él ama las expresiones de tu corazón.

ENFOQUE DE ORACIÓN

ENTRANDO AL LUGAR SECRETO

Querido Señor, escojo entrar en Tu presencia. Escóndeme en el lugar secreto de Tu presencia. Toma mi mano y llévame hacia Ti. Llévame al lugar secreto donde puedo descansar bajo Tu sombra. Muéstrame el lugar en el que habitas. Enséñame cómo comer y tomar la comida y la bebida espiritual de Tu fuente. Permíteme sentir Tu presencia. ¡Abro mis sentidos espirituales! Abro mis ojos y mis oídos para disfrutarte a plenitud. Abro mis oídos para que escuchen los sonidos celestiales y mi sentido del olfato para que huela y yo pueda discernir las fragancias celestiales. ¡Abro todo mi ser a ese lugar secreto de una amistad íntima y gloriosa contigo!

PALABRA CELESTIAL

Querido precioso, yo soy tu cobijo. Habita a Mi sombra. Escóndete en Mi Palabra. Al hacerlo, serás como árbol plantado junto a corrientes de agua, dando fruto a su tiempo. Soy tu refugio- tu lugar de confianza. Sé que te cansas y te sientes cargado. Ven a Mí. Sumérgete en el lugar secreto del Altísimo y te daré descanso. Restauraré tu alma. En el lugar secreto, de daré y pondré en ti todo lo que necesitas. Mi yugo es ligero y liviana es mi carga.

SALMO 91:1-2; SALMO 1:2-3;

MATEO 11:28-30

*"El viento sopla de donde quiere,
Y oyes su sonido;
Mas ni sabes de dónde viene, ni a dónde va;
Así es todo aquel que es nacido del Espíritu"*

JUAN 3:8

3

El Viento del Espíritu
Dentro de Ti

Viento: Espíritu, aliento, viento

"El es como el viento. Cuando el viento sopla, no puedes controlarlo. Quieres controlar la conversación, pero es Espíritu Santo la está interrumpiendo". Mi mentor había dado en el clavo. Pensé que había esperado pacientemente durante las dos llamadas que él recibió mientras hablábamos por celular- pero no realmente. Y él se dio cuenta de que estaba molesta. "El Espíritu Santo siempre está haciendo algo Linda y no lo puedes controlar", me dijo. "Él es como el *viento*. Pensaste que esas llamadas eran simplemente interrupciones, pero ambas llamadas eran de personas que habían sido mencionadas en nuestra conversación. Ese era la confirmación del Espíritu Santo sobre lo que yo había dicho. ¿Si ves?" Tuve que admitir que hasta el momento en que él me llamó la atención al respecto, no lo había visto. Con cuánta facilidad perdía la consciencia sobre lo involucrado que estaba involucrado en mi vida, el siempre presente, el Espíritu Santo.

Jesús dijo que Él se iba, pero que no nos dejaría solos. Qué enviaría a *otro* Ayudador (Juan 14:15-18). La palabra "otro" es relevante.

Significa literalmente a otro del mismo tipo- implicando que este ayudador sería como Jesús. En otras palabras, tienes a alguien justo como Jesús caminando contigo todo el tiempo.

El Espíritu Santo es una Persona. Es la tercera Persona de la trinidad. Es tan Dios como Jesús y como Dios el Padre. Pero déjame hacer algunas preguntas importantes: ¿eres consciente de Él? ¿Estás involucrado en conversaciones con Él? ¿Estás desarrollando una relación con Él? ¿Sientes el viento del Espíritu moviéndote y dirigiéndote?

Como un bote sin lazos guiado por el viento, así somos nosotros guiados por el viento del Espíritu cuando nos rendimos a Él. Él sopla y nos lleva donde quiera que vayamos. Estamos en la aventura de nuestras vidas, con Él como nuestro guía, moviéndonos, y revelándonos los secretos celestiales. Incluso en momentos que consideramos irrelevantes- como interrupciones telefónicas en medio de una conversación- el Espíritu Santo está revelándonos constantemente cosas y confirmando nuestro futuro. Incluso ahora mismo, mientras absorbes este pasaje, Él está obrando en ti. El Espíritu Santo es el Espíritu de la Verdad, nos lleva *toda verdad*. Él es el gran Revelador, nos revela secretos continuamente- cosas que sólo Dios conoce. La vida con el Espíritu Santo es mucho más emocionante que cualquier atracción de Disney o que cualquier salto de bungee jumping. La vida con Él es impredecible y enormemente sobrenatural.

Una vez que escoges a Jesús como Señor de tu vida, inicias una relación con el Espíritu Santo. ¿Será que es posible andar en tus cosas sin tener consciencia de Él? Sí. Pero no tiene que ser así. El Espíritu Santo está en medio de todo. Cuando tú te preguntas *"¿Dónde está Dios en medio de este lío en el que estoy?"* Él está justo allí. Él es tu Ayudador y Él te ayuda con todo. Justo como dice la Biblia, Él nunca te deja ni te desampara. Además, si se supone que no debes hacer algo, Él te lo hará saber a medida que tu consciencia sobre Él aumenta.

El Libro de los Hechos provee una mirada detallada sobre cómo es una vida *con* el Espíritu Santo. Como una creyente joven, marqué

EL VIENTO DEL ESPÍRITU

cada referencia al Espíritu Santo en el libro de los Hechos. Aprendí muchísimo sobre esta Persona Maravillosa que Jesús envío para que sea mi Guía. La iglesia primitiva estaba inmersa en una comunión diaria con el Espíritu Santo. Ellos confiaban en Él para todo. En cierto momento, incluso mencionaron que una idea *"le ha parecido bien al Espíritu Santo y a ellos"* Hechos 15:28.

No me sorprende entonces que en Hechos 1:8, Jesús les hubiera dicho a sus discípulos, *"Recibiréis poder cuando haya venido sobre ustedes el Espíritu Santo"*

No estamos para ser gobernados por lo exterior. Seguir las circunstancias externas y nuestras propias ideas sobre cómo podremos lograr que nuestros futuros funcionen- nos hace estar sujetos a este ámbito. Esto produce temor y ansiedad. El plan del Espíritu Santo no incluye este tipo de estrés. Nuestro ADN espiritual anhela ser guiado por el Espíritu Santo, tal como acontecía con Jesús (Mateo 4:1). Él no era guiado por las circunstancias o por la necesidad. El Espíritu Santo lo guiaba. Él hacía lo que veía que el Padre hacía. Lo que escuchaba al Padre decir, eso decía. A medida que nuestra relación con el Espíritu Santo se desarrolla, debemos estar quietos y escuchar. En esos momentos de quietud, aprendemos a seguirle. Nuestro caminar exterior es dirigido hacia un lugar más interno. Y a medida que crecemos, puede que nos encontremos en una zona de guerra con bombas estallando por aquí y por allá y aún así ser capaces de escuchar y seguir Su dirección. Sí, toma tiempo y enfoque posicionarse de esta manera, pero precisamente allí es hacia donde eres guiado. ¡Y qué lugar más dulce es este!

Imagínate que hoy, al escribir esto hay un viento muy fuerte que sopla fuera de mi ventana. Veo los poderosos efectos del viento- las hojas, las ramas y los árboles enteros se menean. Oigo al viento poderoso pasando a través de los árboles y alrededor de la casa. Si saliera, mi cabello se movería en veinte direcciones. ¿De dónde viene el viento? Sólo puedo adivinar. ¿Para dónde va? No sé. Pero deja cada cosa en movimiento: los viñedos danzan, el agua de la piscina se mueve para un lado y para el otro, los cojines del patio se han caído de su puesto. Podría resistirme al Espíritu Santo como un gran gigante resiste al viento. ¿Pero cómo llama la Biblia a tal actitud? Duros de cerviz e incircuncisos de corazón y de oídos (Hechos 7:51) O podría rendirme al viento como un junco que se inclina bajo, humillándome y sometiéndome.

La Biblia habla del viendo, aliento y Espíritu y lo relaciona con el Espíritu Santo. ¿Qué pasaría si el viento estuviera soplando *dentro* de mi casa? Vería que los papeles vuelan por todos lados, vería cómo los floreros se caerían y cómo los candelabros se moverían para un lado y para el otro. ¿Qué tal si ese viendo soplara dentro de *mí*? ¿Cómo se sentiría? ¿Será que todo en mi interior se alinearía con Sus propósitos? ¿Él soplaría y sacaría todos los lugares que no han sido sanados? ¿Soplaría vida a mis sueños y visiones?

¿Sería llena con el aliento del cielo? Te apuesto que sí. Cierra tus ojos y haz una pausa en este mismo instante. Enfócate en el viento del Espíritu dentro de ti. ¿Puedes sentirlo? El simple hecho de leer estas palabras sobre la realidad interna del Espíritu hace que me sintonice más con Su presencia.

Dios te ha dado una identidad extraordinaria totalmente separada de este mundo natural. Estás llamado hacia lo milagroso, a una vida sobrenatural de señales, maravillas y de relación. Ahora mismo, en tu vida diaria caminas muy vinculado con el Espíritu de Dios, ¡que *ni siquiera* lo reconoces la mayoría del tiempo! ¿Por qué? porque la presencia milagrosa y extraordinaria de Dios fluye muy *naturalmente* a través de ti a medida que confías en Él. Piensa al respecto: experimentar gozo cuando la tribulación invade tu vida es *extraordinario*. Ser agradecido en tiempos de profundo dolor es *extraordinario*. El poder extraordinario y milagroso de Dios que fluye a través de ti genera respuestas y reacciones internas que son contrarias a las de este mundo. ¡Tú vives en el mundo, pero operas en tu identidad extraordinaria todo el tiempo y lo haces en simultáneo!

Al posicionarte hoy, de tus labios saldrá versículo tras versículo y se revelará la Persona del Espíritu Santo. Justo como en el resto de la Biblia, estos versículos están vivos. Con un entendimiento mayor, tu relación con el Espíritu Santo florecerá. Oro para que el aliento de Dios esté sobre ti en este día de posicionamiento. Oro para que venga una gran revelación y para que vengan encuentros transformadores ¡a medida que bebes más del Espíritu del Dios Viviente! Ahora mismo, declara estos versículos personalizados sobre el Espíritu Santo y sobre ti.

DECLARACIONES DE POSICIONAMIENTO

¡ESPÍRITU SANTO, QUIERO CONOCERTE!

Jesús, Tú no me dejaste solo. (Juan 14:16)

¡Tú enviaste al Espíritu Santo para que esté conmigo para siempre! (Juan 14:16)

Espíritu Santo, Tú estás conmigo y estás en mí. (Juan 14:16)

Tú estás conmigo todo el tiempo. Ahora, no estás solamente a mi lado, sino que también vives en mí. (Juan 14:16-17)

¡Tú eres el Espíritu de Verdad! (Juan 16:13)

¡Tú siempre me estás revelando la Verdad! (Juan 16:13)

Ahora mismo, estás respirando sobre mí. (Juan 16:13)

Ahora mismo, estás respirando a través de mí. (Juan 16:13)

Maravilloso Espíritu Santo, Tú me enseñas. (Juan 14:26)

Tú eres el Revelador (Juan 16:13)

Revélame las cosas profundas de Dios. (1 Cor. 2:10)

Revélame los misterios ocultos. (Juan 16:15)

Tú eres mi Ayudador, llamado a mi lado como un intercesor. (Juan 15:26)

Un Consolador. (Juan 15:26)

Un Consejero. (Juan 15:26)

¡Tú me das ideas geniales! (Juan 15:26)

Tú te unes conmigo en esas ideas. (Juan 15:26)

¡Espíritu Santo, deseo con ansias los dones que Tú tienes para mí! (1 Cor. 14:1)

Espíritu Santo, Te bebo. (Juan 7:37)

Espíritu Santo, Te inhalo. (Juan 7:37)

Soy refrescado y sostenido al beber de la fuente de Tu Espíritu. (1 Cor. 12:13)

De mi interior corren ríos de agua viva- ríos del Espíritu. (Juan 7:38)

Nadie conoce las cosas de Dios excepto el Espíritu de Dios. (1 Cor. 2:11)

He recibido al Espíritu que proviene de Dios para saber lo que Dios me ha concedido. (1 Cor. 2:12)

¡Me posiciono como el Apóstol Pablo, mi mensaje no es con palabras persuasivas de humana sabiduría, sino con demostración del Espíritu y de poder! (1 Cor. 2:4-5)

Confirma Tu Palabra con las señales que la siguen. (Marcos 16:20)

Mi mente está fija en lo que desea el Espíritu Santo. (Rom. 8:5)

Busco aquellas cosas que satisfacen al Espíritu Santo. (Rom. 8:5)

No sigo lo exterior; vivo la vida del Espíritu. (Rom. 8:9)

Deseo profundamente que dirijas mi día. ¡Así que dirige mi día, Espíritu Santo! (Rom. 8:9)

¡Con frecuencia, no sé por qué orar, pero TÚ sí lo sabes Espíritu Santo! Intercede por mí con gemidos indecibles que las palabras no pueden expresar. (Rom. 8:26)

Entrego mi nave y me permito ser llevada por el viento del Espíritu Santo. (Hechos 27:15)

¡Soy movido por el viento del Espíritu! (Juan 3:8)

¡Soy guiado por el viento del Espíritu! (Juan 3:8)

¡Viento del Espíritu, ven! ¡Sopla en mi hogar! (Juan 3:8)

¡Ven, sopla en mi vida! (Juan 3:8)

¡Ven, viento Poderoso del Espíritu, sopla dentro de mí! (Juan 3:8)

DECLARACIONES DE POSICIONAMIENTO

- Cuando te cueste creer un versículo de posicionamiento, prácticamente has estado creyendo una mentira. Nota lo siguiente: este es un lugar de tu mente que necesita ser reajustado con la verdad de Dios. Escribe la mentira y después, escribe la verdad según la Palabra de Dios.

- Puedes orar, *"Dios, perdóname por haber creído esa mentira, quebranto el acuerdo que establecí con ella. Perdóname. Sana el lugar lastimado de mi corazón en donde estaba la mentira. Llena mi corazón y mente con Tu verdad al hablar Tu Palabra. En el nombre de Jesús. Amén"*.

ACTIVACIONES EXPERIENCIALES

RINDIÉNDOSE AL VIENTO DEL ESPÍRITU

Primera Activación

Posicionarse desde la declaración *Espíritu Santo, ¡quiero conocerte!* Plantará en tu corazón, versículos claves sobre el Espíritu Santo, permitiendo un crecimiento de la consciencia sobre Su presencia. Entender la naturaleza del Espíritu Santo, lo que Él hace y cómo opera siendo parte de la Trinidad afecta tu habilidad para reconocer las muchas maneras en que Él se relaciona contigo a lo largo del día.

Nota personal: Yo estoy muy acostumbrada a que cuando se hable de Él se le diga "el" Espíritu Santo y lo hago así también. Pero dado a que Él es una persona, también me referiré a Él directamente como Espíritu Santo. Uso estas formas de llamarlo indistintamente.

Para esta activación, tu tarea es proclamar estos versículos por una semana- a primera hora en la mañana cuando te levantes y justo antes de irte a dormir. Tras posicionarte en dichos versículos durante una semana dos veces al día, escoge diez para declararlos una vez al día durante cuarenta días. Mantener este estilo de vida de proclamar la Palabra de Dios permite que las verdades continúen renovando tu mente, sentándose profundamente en tu espíritu y finalmente volviéndose una faceta vibrante de tu identidad extraordinaria.

Cuando yo me convertí, quería aprender todo lo que pudiera sobre el Espíritu Santo. Yo había salido del movimiento de la nueva era y después de muchos desengaños, quería fervientemente conocer al Espíritu de la Verdad. Como el libro de los Hechos revela el poder del Espíritu en la iglesia primitiva (Hechos 1:8), lo leí y subrayé cada pasaje en donde se mencionaba al Espíritu Santo o cuando Su poder era demostrado.

Segunda Activación

Abróchense los cinturones, ¡porque voy a compartirles algo muy importante! Lo que estoy a punto de decir podría sonar como algo contrario al enfoque de este libro de declarar versículos sobre la identidad extraordinaria, pero de hecho no lo es. Cuando estás en esos momentos de transición y transformación y estás atravesando un pasaje muy difícil, Dios está justo allí contigo. Él te está sosteniendo y sustentando. Fue durante momentos extremos de dificultad, pérdida, traición y ansiedad severa que aprendí lo que les voy a compartir. Cuando lo entiendas, puedes entrar en Su reposo.

Durante las muchas etapas de transición en tu vida, ten por seguro lo siguiente: *no puedes salir de allí por ti mismo. Él te lleva a través de la situación.*

Este pasaje ejemplifica esta verdad:

> *"Estás cansado? ¿Desgastado? ¿Quemado en la religión? Ven a mí. Aléjate conmigo y recuperarás tu vida. Te mostraré cómo descansar verdaderamente. Camina conmigo y trabaja conmigo- mira cómo lo hago. Aprende sobre los ritmos no forzados de la gracia. No pondré sobre ti nada pesado o que te enferme. Mantén mi compañía y aprenderás a vivir libre y ligeramente" (Mateo 11:28-30, El Mensaje)*

Al leer el libro, no quiero que proclamar los versículos se convierta en un peso sobre tus hombros porque no lo es. Le ordeno a ese concepto que se quite de tus hombros ahora mismo, en el nombre de Jesús. Declarar versículos renueva tu mente y alinea tu identidad en tu vida del pensamiento con la manera en que el cielo te ve. Lo que haces es sumarte a Romanos 12:1-2 y al hacerlo, el Dios Poderoso hace lo invisible, un trabajo transformador interior en lo profundo de tu ser.

En esta activación practicarás conectarte con ese lugar dentro de ti, donde el abismo llama a otro abismo y en donde brotan ríos de agua viva. Ahora mismo, ora en voz alta en el Espíritu (Judas 1:20) y piensa acerca de orar en tu cabeza. Concéntrate en escuchar tu voz en tu cabeza.

Luego de un minuto más o menos, ora en el Espíritu y enfócate en tu boca. Piensa sobre el sonido de las palabras en tus labios.

Ahora, entrarás a las cabeceras del Espíritu Santo. Que tu enfoque recaiga en lo profundo de tu vientre y ora en el Espíritu desde allí. Síguelo haciendo. Piensa sobre lo que dijo Jesús de que esos ríos brotarían desde lo profundo de este lugar. Quédate allí por un momento. Piensa en cómo los ríos se juntan para agitar, mover y en cómo son vibrantes y tienen una gran fuerza.

Vuelve esta activación parte de tu tiempo de oración a lo largo de la semana. En el manual, tendrás un lugar para escribir tu experiencia.

Tercera Activación

La tercera activación es una aventura al aire libre. Ve afuera y experimenta el movimiento del viento. Puede que haya una suave brisa o un viento muy fuerte soplando justo ahora. Generalmente es simplemente un silbido en movimiento. Pídele al Espíritu Santo que te enseñe cómo Se mueve al ver los movimientos del viento. Mira cómo se mueve todo en el viento. ¿Cómo se siente el viento en tu rostro? Ahora enfoca tu atención en el viendo que se mueve dentro de ti. ¿Qué está haciendo Él en tu interior? Escribe tus reflexiones.

Cuarta Activación

Durante las últimas horas de Jesús antes de que fuera arrestado y crucificado, Él les enseñó a los discípulos sobre la persona del Espíritu Santo. He aquí algunos versículos que te dirán más acerca de Él.

Juan 14:15-18, 25-26
Juan 15:25-27
Juan 16:12-14
Hechos 1; 1-2, 1:8
Hechos 2

Revisa y escribe lo que te revelan sobre el Espíritu Santo. Si tienes el manual, tendrás un lugar para escribir tus apuntes.

ENFOQUE DE ORACIÓN

GUIADO POR EL ESPÍRITU

Espíritu Santo, estoy siendo más consciente de Tu presencia. Tú siempre estás conmigo. Tú nunca me dejas. Quiero ser sensible a Ti, verte en acción. Estoy posicionado a propósito para ver más allá de mis circunstancias. Soy Tu compañero, haciendo todas las cosas divertidas de Dios contigo, a Tu lado- no delante de Ti ni detrás de Ti. Estoy muy hambriento de desarrollar una relación más profunda Contigo. ¡Espíritu Santo, lléname! Amén.

PALABRA CELESTIAL

Querido precioso, el viendo de Mi Espíritu siempre te está moviendo. Incluso cuando no sientes el viento, estoy soplando en tu corazón, dirigiéndote y envolviéndote. Ríndete a Mi Espíritu y lo que te mueve. Lo Envié para que

sca tu mejor amigo, tu Revelador y tu Guía.
¡Mi Espíritu es muy divertido! ¡Ser llevado por
Mi Espíritu es una delicia! Tal vez te encuentres
yendo hacia una dirección y de repente te verás
navegando hacia otra. ¡Vas hacia arriba, alrededor,
de lado e incluso haces giros y volteretas!
Encuentra la libertad en Mí. Disfrútame. ¡Yo te
disfruto!

JUAN 3:8; APOCALIPSIS 1:10; JUAN 14:26;
HECHOS 8:39-40; 2 CORINTIOS 3:17

*"Humillaos delante del Señor,
Y Él os exaltará"*

SANTIAGO 4:10 NVI

4

Humildad
No Lo Tienes que Hacer a Tu Manera

Humilde: bajar... inclinarse uno mismo. Describe a una persona
que carece de toda arrogancia y de auto exaltación- una persona
que está sometida voluntariamente a Dios y a Su voluntad [1]

Para que las cosas sucedan, no tienes que llevarlas a cuestas sobre
tus hombros. No tienes que resolver cada cosa. Simplemente
respira. Déjalo ir. Tienes un compañero. No tienes que forzar
tu manera de actuar. Puedes tener pasión, empuje y visión- y saber
que el Dios del universo es tu compañero. Él abre las puertas para ti.
Él te da favor. Él traerá personas a tu vida en el momento oportuno. Él
siempre está trabajando a tu favor. Él te levantará. Esto significa que
Él hará tu vida significativa. La humildad es rendirse a Su liderazgo.

No hablo de la humildad del mundo. La perspectiva de Dios sobre
ti y sobre la humildad es extraordinaria. La humildad del mundo
significa con frecuencia rebajarse ante los demás, pensar que no eres
bueno y que todos los demás son mejores. La humildad Bíblica es
hacer de lado el orgullo y la arrogancia.

La faceta de la humildad en la que nos vamos a enfocar es aquella que trata de lo que significa ser humilde ante el Señor.

Tú tienes sueños y visiones que están más allá de tus habilidades. Tú *sabes* que no tienes los recursos para ver esos sueños cumplidos. La verdad es que no puedes cumplir nada que tenga una importancia eterna sin Él. Punto. La humildad ante el Señor es reconocer tu necesidad de la ayuda de Dios.

Hace unas noches, me estaba sintiendo ansiosa sobre ser capaz de escribir bien este libro. De manera exasperada le dije a Él: *"Yo no sé lo suficiente!"* Antes de poder siquiera respirar nuevamente, Él me respondió: *"Está bien. Yo lo sé todo".* Y de inmediato, fui invadida por la confianza y la certeza.

Cuando la humildad va a través de tus venas, el orgullo y la arrogancia no son parte de la ecuación de tu identidad. Tú sabes porque sabes que el Espíritu Santo está abriéndote el camino. La siguiente puerta que Él tiene para ti no se abrirá cuando estás lejos de ella. Se abre cuando te paras justo frente a ella. Debes estar moviéndote hacia la dirección correcta- hacia la puerta. Pero siempre tenemos la opción de atravesarla. Dependes de Dios y de Su ayuda, de Su dirección, Su provisión. La humildad es *saber* que Dios te levantará justo en el momento preciso en Su gran cuadro. Tú te mueves hacia adelante, mano a mano con Él. La sensación de Su mano te guía y sientes si debes o no moverte a la derecha o a la izquierda. Fluyes con Él. Siguiendo Su dirección. ¿Cómo se ejemplifica esto? Inclinándose, rindiéndose ante Él.

Te daré un ejemplo, un acto profético que demuestra humildad.

Un pastor amigo estaba asistiendo a una conferencia y cuando llegó el momento de recibir la ofrenda, él sacó su billetera y le preguntó a Dios cuánto quería que diera. El pastor escuchó que Dios dijo, "Quiero *te* me entregues" El pastor caminó por el pasillo hacia el frente del auditorio y desplegó sus 1.68 cm de largo aproximadamente justo delante del altar. Ya hacía hace mucho que le había entregado a Dios todo lo que era o lo que alguna vez esperaba ser. Sin embargo, ante el pedido de Dios, se humilló a sí mismo, sin importarle lo que cualquiera pudiera pensar y actuó justamente y de manera literal lo que está escrito en Romanos 12:1 (NVI):

> *"... ofrezca su cuerpo como sacrificio vivo, santo y agradable a Dios, en adoración espiritual"*

No te estoy sugiriendo que corras al frente de tu iglesia y que te acuestes en el altar. Hay muchas maneras de ofrecerle tu vida a Dios. El punto es que cuando le entregas tu vida en todos los sentidos, te estás humillando delante de Él. La humildad es una postura del corazón y una actitud de la mente. ¿Ves tu vida como un sacrificio vivo para Dios? Tu corazón dice, *"no puedo hacer esto solo. ¡Dios, Te necesito!"* Cuando la humildad permea tu vida, tus sueños son impulsados a inclinarse ante Él y a *reconocerlo* a Él. Y allí es cuando, según Proverbios 3:5-6 (NVI), Él dirige tu camino.

> *"Confía en el Señor de todo corazón,*
> *Y no en tu propia inteligencia.*
> *Reconócelo en todos tus caminos,*
> *Y Él allanará tus sendas".*

Una clave importante: ¿cómo puede Él dirigir lo que no se ha sometido?

Dios *se opone* al orgullo y muestra favor al humilde. Mmm difícil de digerir, ¿sí o no? Cuando somos orgullosos, nos devaluamos- nos alejamos de Dios. En Pedro 5:5-6 se menciona la misma idea:

> *"En toda relación, cada uno revístase de humildad, porque Dios te resiste cuando eres orgulloso pero multiplica Su gracia y favor cuando eres humilde. Si te humillas bajo la poderosa presencia de Dios, Él te exaltará al dejar en tiempo en Sus manos".*

Tú eres el que escoge el camino de la humildad. La *identidad extraordinaria* dentro de ti te atrae como un imán hacia la humildad. La gracia de Dios, Su habilidad sobrenatural, fluye a través de nosotros cuando escogemos posicionarnos bajo ente Él. Y allí es que ocurre lo milagroso: *Él nos levanta en el momento justo.*

¿Realmente quieres alcanzar a plenitud todo lo que Dios te ha llamado a hacer? No tienes que descifrarlo todo tú mismo. Él ya lo hizo. Relájate. Cero estrés. No tiene que ser perfecto. Ve al lugar secreto. Ese lugar de intimidad. El lugar real. Esa travesía secreta que es tuya.

A lo largo del año pasado, he ministrado con un equipo de personas en tres países en vía de desarrollo: Costa Rica, Colombia y República Dominicana. Las personas en estos países tienen muy poco, son muy pobres, muy humildes y muy apasionados por Dios. La mayoría tienen pocas pertenencias, poca educación, un trabajo con un sueldo muy bajo y no tienen carro- prácticamente no tienen nada material. Saben que no pueden solos. Su fe que es como la de un niño demanda milagros de parte de Dios. Para cada necesidad, cada enfermedad, cada amenaza, deben tener una confianza absoluta en Dios. No hay plan B. Dios es todo lo que tienen. Y allí en medio de las naciones más pobres, las personas son sanadas y liberadas. ¿Por qué? por la humildad. La humildad es otra puerta a tu identidad extraordinaria. La humildad se demuestra exteriormente desde el interior y da cuenta de una transformación que se está llevándose a cabo y que implica una renovación de la mente. La humildad empieza a asumir la postura de un siervo. No estamos aquí en la tierra para ser servidos sino para servir. Mira lo que dice Marcos 10:42-45 en la Nueva Versión Internacional:

> *"Así que Jesús los llamó y les dijo:*
> *—Como ustedes saben, los que se consideran jefes de*
> *las naciones oprimen a los súbditos, y los altos oficiales*
> *abusan de su autoridad. ⁴³ Pero entre ustedes no debe*
> *ser así. Al contrario, el que quiera hacerse grande entre*
> *ustedes deberá ser su servidor, ⁴⁴ y el que quiera ser el*
> *primero deberá ser esclavo de todos. ⁴⁵ Porque ni aun*
> *el Hijo del hombre vino para que le sirvan, sino para*
> *servir y para dar su vida en rescate por muchos."*

Yo creo que los milagros acontecen más fácilmente en estas naciones comparadas con culturas más desarrolladas porque la gente es muy humilde. La clave está en Mateo 5:3. La Biblia Amplificada afirma lo siguiente:

> *"Benditos (felices, envidiados, y espiritualmente prósperos-*
> *con una vida gozosa y con la satisfacción del favor y la*
> *salvación de Dios pese a las condiciones externas) son los*
> *pobres en espíritu (los humildes, quienes se califican como*
> *insignificantes) porque de ellos es el reino de los cielos".*

Personalmente no tengo un "Plan B". Dios va delante de todos mis planes. Dios está delante y por encima de todas las opciones médicas, los consejeros financieros, los planes de negocio, los planes de relaciones, las ideas y las metas.

El simple hecho de declarar estar palabras para Posicionarte en Humildad no te hará humilde. Pero debido al poder de la Palabra, posicionarte en humildad hará que tu corazón se vuelque hacia la humildad. Y hablar la Palabra será un instrumento para renovar tu mente en la posición de la humildad. Te atas a ti mismo a esas palabras de humildad. Caminar en humildad ya es una cosa tuya.

Estos versículos son tiernos, vulnerables. Así que aquieta tu corazón y sé real con Dios de manera gentil. ¡Él te está transformando a imagen y semejanza de Su Hijo!

DECLARACIONES DE POSICIONAMIENTO

HUMILDAD

Me humillo delante de Ti. Vivo mi vida como un amante rendido- un amante de Dios. Rindo delante de Ti Señor, todo lo que soy. (Isa. 66:2)

Sé a quién buscas: alguien que sea humilde
Y contrito de espíritu y que tiemble ante
Tu palabra y reverencie tus mandamientos. (Isa. 66:2)

Examíname, oh Dios, y conoce mi corazón.
Investiga mi vida y conoce mis pensamientos.
Muéstrame si hay algo en mí que te ofende, y guíame en el camino eterno. (Sal. 139:23-24)

Te entrego como ofrenda mi día a día,
Ir al trabajo, al colegio, al supermercado. (Rom. 12:1)

Como la más alta forma de adoración, pongo mi cuerpo en tu altar como un sacrificio vivo para Ti. (Rom. 12:1)

Muchos dicen en el mundo, "soy rico. No necesito nada"

Pero yo sé otra cosa. Soy verdaderamente pobre y ciego y desnudo. Vengo a comprarte oro, el oro que ha sido pasado por la refinería del fuego. Vengo a comprar prendas de parte Tuya, prendas diseñadas en los Cielos. Y a comprar medicina para mis ojos, medicina que viene de parte de ti, para que mis ojos puedan ver en realidad. (Apo. 3:17-18)

Tú reprendes y castigas a todos los que amas. Que ese sea yo. Me arrepiento con fervor. (Apo. 3:19)

Porque el que se enaltece será humillado, y el que se humilla será enaltecido. (Mat. 23:12)

Me revisto de humildad hacia otros creyentes, Porque Dios resiste a los soberbios pero da gracia a los humildes. Me humillo bajo la poderosa mano de Dios, para que Él me exalte cuando fuere el tiempo. (1 Pedro 5:5-6)

No impondré mi manera de hacer las cosas ni manipularé a las personas para tener una posición alta. Escojo hacerme a un lado y ayudar a los demás a ir adelante. (Fil. 2:3)

Dios resiste a los soberbios pero le da gracia a los humildes. Por lo tanto, me humillo bajo la poderosa mano de Dios, para que Él me levante cuando fuere el tiempo. (1 Pedro 5:5-6)

En Cristo Jesús, me posiciono como alguien manso y humilde de corazón. (Mateo 11:29)

Me humillo como un niño al entrar en la vida de Tu Reino. (Mateo 18:3-4)

Me gozo al ser llamado hijo de Dios. (1 Juan 3:1)

Me inquietan no solamente mis intereses sino también los de los otros. Asumo la naturaleza de un siervo. Me posiciono como un siervo para todos. (Fil. 2:3-7)

Soy un lavador de pies. Me posiciono continuamente en humildad hacia los otros creyentes lavando los pies de mis hermanos para ser como el Señor. (Juan 13:14)

Estoy aquí para servir, así como el Hijo del Hombre vino no a ser servido sino para servir y para dar Su vida en rescate de muchos. (Mat. 20:28)

¿Qué me pide el Señor? Hacer justicia, y amar misericordia, y humillarte ante tu Dios. (Miqueas 6:8)

Escojo caminar en obediencia.
Sigo Tu voz y camino en obediencia.
Amo servirte. (Fil. 2:8)

Me postro ante Dios. Cada día, permanezco rendido en quietud ante Él, adorándole, amándole, honrándole, escuchándole, en completa obediencia a Él y Él derrama de Su sabiduría y su gracia sobre mí.(Deut. 9:18)

Confío en Ti, Señor, con todo mi corazón
Y no me apoyo de mi propia prudencia.

Te reconozco en todos mis caminos, y Tú enderezarás mis veredas. (Prov. 3:5-6)

Sirvo al Señor con toda humildad y con muchas lágrimas, habiendo soportado muchas pruebas. (Hechos 20:19)

Medito en Tu Palabra de día y de noche.
Al hacerlo, soy como un árbol plantado junto a corrientes de aguas
Que da fruto a su tiempo y su hoja no cae;
Y todo lo que hago prospera. (Sal. 1:2-3)

Espero en Ti, Señor. Confío en Ti y Tú me revitalizas. (Isa. 40:31)

Me quebranto y derramo delante de Ti Señor como una ofrenda de olor fragante. Te doy lo más preciado que tengo- mi vida, la esencia de quien soy. (Juan 12:3)

DECLARACIONES DE POSICIONAMIENTO

• Cuando te cueste creer un versículo de posicionamiento, prácticamente has estado creyendo una mentira. Nota lo siguiente: este es un lugar de tu mente que necesita ser reajustado con la verdad de Dios. Escribe la mentira y después, escribe la verdad según la Palabra de Dios.

• Puedes orar, *"Dios, perdóname por haber creído esa mentira, quebranto el acuerdo que establecí con ella. Perdóname. Sana el lugar lastimado de mi corazón en donde estaba la mentira. Llena mi corazón y mente con Tu verdad al hablar Tu Palabra. En el nombre de Jesús. Amén".*

ACTIVACIONES EXPERIENCIALES

HUMILDAD

Primera Activación

A este punto ya estás familiarizado con las activaciones- con posicionarse diariamente. Declara los versículos de humildad por una semana, a primera hora en la mañana cuando te levantes y justo antes de irte a acostarte. A continuación, escoge diez versículos para confesarlos una vez al día por treinta días. Estas verdades renovarán tu mente y se filtrarán a tu espíritu para ser parte de ti.

Puede que el orgullo te desanime, para procurar que te alejes de la humildad. Ahora mismo, veo estos versículos en pequeños papeles adhesivos para notas que están por todo tu cuerpo. ¿Sientes lo que está pasando? La palabra es vida para ti. La palabra de Dios para Josué (Jos. 1:8) fue "meditar en ella de día y de noche".

Ahora mismo, lee los versículos en voz alta.

Segunda Activación

Pon música ungida que realmente ministre tu corazón e "inclínate" ante Dios. Posiciona tu cuerpo en distintas posturas a medida que presentas tu cuerpo como un sacrificio vivo ante el Señor. Prueba estirarte completamente en el piso, arrodillarte o inclinarte ante Él. Posiciona tu corazón como posicionas tu cuerpo. Usa algunos de los versículos de posicionamiento con los cuales te sientas estrechamente conectados y díselos al amante de tu alma. Incluso puedes meditar en lo que significa para ti ser un sacrificio vivo. Disfruta en realidad este momento. Este es tu tiempo. Solo tú y tu Creador.

Tercera Activación

En Hechos 20:19, Pablo dijo que él estaba *"sirviendo al Señor con toda humildad"*. Busca en Google el significado de humildad. ¿Qué significa esta palabra para ti? Piensa en alguien que ejemplifica la humildad. ¿Cómo ves la humildad demostrada en el carácter de esta persona? ¿Cómo funciona la humildad en tu vida?

Cuarta Activación

Jesús vino *"no a ser servido, sino a servir y a dar Su vida en rescate por muchos"*. Cuando servimos a otros y les ministramos cada día, lavamos sus pies. Hoy, pídele a Dios oportunidades para demostrar Su corazón de amor y compasión hacia la gente a través de actos sencillos de bondad. ¿Quieres algunas ideas? Regala agua. Sonríe. Dile a alguien que está haciendo un gran trabajo. Yo pregunto con frecuencia, "¿te molestas si oro por ti?" Al pedir permiso, casi nunca me dicen que no. Les digo que cierren sus ojos, y oro por una bendición para sus vidas o por cualquier cosa que se necesite. Puede que sea una necesidad de sanidad para su cuerpo o su corazón, un mejor trabajo, paz en lugar de ansiedad, caminar más cerca con Dios. Ya entendiste cuál es la idea.

ENFOQUE DE ORACIÓN

HUMILDAD

Padre Celestial, en muchos sentidos he sido guiado por mis propios deseos- por cómo me siento, por lo que quiero y por lo que pienso. Quiero saber: ¿qué hay en tu corazón Señor? ¿Qué está en tu mente? ¿Qué te gustaría que hiciéramos juntos? Me humillo delante de Ti, declarando que me ofrezco a mí mismo como un sacrificio vivo. Me someto a Ti y a Tu voluntad. Guíame y enséñame.
Amén.

PALABRA CELESTIAL

Amado, escoger la humildad es escoger el camino de mi Hijo. Al servir, engrandeceré tu corazón con Mi corazón para que Mi amor fluya a través tuyo y tú te muevas con compasión. Permíteme interrumpir tu vida cuando vea la necesidad de los demás. Ten la voluntad de detenerte. Disponte a amar. Acércate a Mí y permíteme llenarte con lo que Yo soy.

"Dios es siempre fiel y en Él se puede confiar "

1 CORINTIOS 1:9
TRADUCCIÓN LA PASIÓN

5

Completamente Fiel
El que Cambia el Juego

Fiel: fiel a su palabra, a sus promesas.
Permanente en postura o afecto; leal; constante.
Digno de confianza, confiable.

No puedes detenerlo. Ni siquiera te puedes esconder de ella. Corre tan rápido como quieras, pero la fidelidad de Dios no cede. Él te sale al encuentro en cada punto. No importa cuán metido estés en algo, o cuánto dolor tengas en tu corazón, Su fidelidad está contigo, de pies a cabeza. Él es fiel a Su palabra y Su afecto hacia ti es 24/7. Él siente el latir de tu corazón y nunca te abandona. Él es *completamente* fiel. ¡Completamente significa *sin falta alguna!* Él está comprometido contigo todo el tiempo, de todas las formas y en todos los lugares. Reconócelo. La fidelidad milagrosa de Dios no es de este mundo. Ningún humano se le compara.

Repite ahora mismo: ¡*Yo creo que Tú eres completamente fiel conmigo!* La esperanza milagrosa está creciendo.

Una semana antes de que mi madre muriera, tuve mi conversación final cara a cara con ella. Le dije que era una buena madre. Ella me dijo que yo era una buena hija. Nosotras éramos muy cercanas y me dolía pensar en la vida sin mi madre querida. Nos miramos a los ojos por un largo rato. Finalmente, dije *"Sé que no te tendré para siempre pero tengo que confiar en Dios al respecto"* Ella asintió. No sabíamos cuánto tiempo nos quedaba para pasar juntas. Nos aferramos a *confiar* en Dios- en que Él sería *fiel* para ayudarnos en medio de la situación.

Después de que ella partiera al cielo, sentí la fortaleza de Dios. ¿Me lamenté acaso? Sí. Y lloré. Pero también sentí un consuelo maravilloso. Para el momento del funeral, sabía que había recibido su manto. Como Elías y Eliseo. Sentí una manta que me cubría como un manto pesado. En el funeral, dos personas más vieron y me dieron confirmación sobre mi nuevo manto. Qué regalo más precioso- más valioso que cualquier otra herencia de este mundo. Dios no solamente me ayudó a través del valle del dolor, sino que también me concedió más de lo que hubiera podido pedir o imaginar- el manto profético y evangelístico de mi madre. El Señor de mi vida probó una vez más que era extravagante y extraordinariamente fiel.

Nuestra relación con Dios es extraordinaria. *Cada aspecto de nuestra identidad es extraordinaria.* La *fidelidad* de Dios es *extraordinariamente milagrosa.* Su fidelidad alcanza hasta el cielo. ¿Conoces a alguien en la tierra que sea tan fiel como Dios? Él sabe todo lo que está pasando en tu vida e *interactúa* contigo por medio de Su fidelidad. Dios es fiel para hacer lo que Él dice que hará. Él es fiel a Su Palabra. Su naturaleza y su propio carácter son invariables. Él cumple Sus maravillosas promesas. Él promete que te cuidará. Él es tu Pastor. Él suple tus necesidades. Él te lleva a lugares de reposo. Te refresca y restaura. Él guía tus caminos en justicia. Él te consuela y te protege para que *no tengas nada* que temer. Cuando todo el infierno se desata, Él te sostiene. Él unge tu cabeza con aceite. ¡Derrama tanto sobre ti que se satura y se derrama desde ti! Él se asegura de que el bien y la misericordia te sigan todos los días de tu vida. Él te diseñó para disfrutar una camaradería dulce e íntima con Él. Él te diseñó para reír- y reír mucho. Y cuando tu enemigo se presente, mira alrededor en busca de la mesa del banquete. ¡Él prepara una mesa para ti en medio de tus enemigos! Nada ni nadie de este mundo, ni ninguna "religión" hacen lo mismo por ti. ¿Lo que te digo te suena al Salmo 23? Lo es. Él es tu buen y *fiel* Pastor. Allí mismo y ahora mismo.

Al creer que Dios es sobrenaturalmente fiel para guiarte, ayudarte y amarte es más importante que cualquier otra cosa para tu fe. Creer en Su fidelidad es muy importante para Él. Tremendamente importante. De todos los nombres que Él se dio, el primero que usó para presentarse a Sí mismo fue "YO SOY". Dudar sobre Él dice es como decir que no es lo suficientemente poderoso para ver cómo pasas por cualquier dificultad que llega a tu camino. Es como decirle que Él no es quien dice que es. Escoger creer que *Él es*, mientras miras lo incierto del futuro, te lleva a reconocer que Dios invade sin cesar tu mundo con una realidad celestial en donde todo es posible. ¿Qué más vas a hacer? ¿Para dónde te vas a ir?

Cuando la mayoría de nosotros pensamos en la fidelidad de Dios, pensamos en las promesas que *ya* se han cumplido en nuestras vidas. Es fácil para nosotros reconocer Su fidelidad cuando miramos al pasado y vemos cómo Dios nos ha pasado por el fuego. El desafío ocurre cuando miramos nuestras pruebas del presente y las incertidumbres del futuro. Nuestra verdadera fe se pone a prueba cuando experimentamos las pruebas que pueden "comerse nuestro almuerzo". La cima de una prueba compleja- especialmente la más severa- es donde finalmente miramos honestamente a lo que hay en nuestro interior- aquello en lo que *realmente* creemos.

Dios no te abandona. Él te cuida. Él *te mira*. Él ve cada movimiento que haces y siempre está obrando a tu favor. ¿Sabes qué? Tu fe es *puesta a prueba* en medio de la prueba. ¿Sabes qué otra vez? Dios es sobrenatural. ¿Sabes qué por tercera vez? Dios invade. ¿Sabes qué? Su fe es sobrenatural. ¿Y sabes qué? Él invade tus circunstancias con una *fidelidad sobrenatural*.

Saber que Él ya (en pasado) te ha dado esperanza ("Te doy una esperanza y un futuro", mira Jeremías 29:11) a la cual puedes aferrar tu fe durante las situaciones más desesperanzadoras es algo que cambia el juego. Cuando tus ojos se fijan en el mundo no visto de la provisión de Dios, tu fe se expande y tu esperanza brilla como una hoguera en la oscuridad. Dado que no llevas el resultado de las cosas sobre tus hombros, las personas son atraídas a la confianza y la paz que ven en ti. Cuando tu situación no sale como esperabas, sabes que ¡Él es fiel para obrar todo para tu bien *de todas formas!* Esta es la postura intencional de confianza unida a la fidelidad de Dios produciendo *esperanza*. ¡Boom! ¡Cambia el juego y el resultado!

Cuando *no* nos posicionamos en creer que Dios es fiel, podemos caer en la misma trampa en la que cayeron los Israelitas: murmurar y quejarse. Ellos anduvieron en el desierto por cuarenta años porque dudaron en que Él sería fiel para cumplir Su Palabra. No pisaron ni recibieron lo que Dios ya había determinado que era un trato hecho. Considera lo que se presenta en Hebreos 3:8-11:

> *"No endurezcáis vuestros corazones,*
> *Como en la provocación, en el día de la tentación en el desierto,*
> *(los hijos de Israel)… me probaron y vieron mis obras cuarenta*
> *años. A causa de lo cual me disgusté contra esa generación, y dije:*
> *siempre andan vagando en su corazón, y no han conocido mis*
> *caminos. Por lo tanto, juré en mi ira: no entrarán en mi reposo".*

Los israelitas nunca entraron a la Tierra Prometida. Israel experimentó cuán poderoso es Dios y cómo Él les proveía comida y guía, pero aún así dudaron de Su bondad y se quejaron cada vez que algo (ante sus ojos) salía mal. Cuando la Tierra Prometida estaba a la vista, se impresionaron más con sus poderosos enemigos que con el poder de Dios para darles la tierra. Después de todas las señales que el Señor había usado para manifestar Su gloria y Su buena voluntad con ellos, ¡ellos continuaron sin creer que Él sería fiel para darles la Tierra Prometida!

¿Cuál es *tu* Tierra Prometida? ¿Estás posicionado como si ya fuera un hecho- que tú, en realidad, vencerás a los gigantes que están en tu camino? Muchos se unirán a la multitud de personas de doble ánimo que gritan "¡aleluya!" cuando todo va muy bien (a sus ojos), para luego arrinconarse en incredulidad cundo las cosas se ponen amargas (nuevamente, a sus ojos). Toma una postura sobre Dios *ahora*. Cree *ahora mismo* en todo lo que está escrito en la Biblia sobre el carácter de Dios. No es difícil- es una *decisión*. Es un cambio sencillo de mentalidad. Ahora es el tiempo de tomarse a Dios y a Su Palabra en serio. Ahora es el tiempo de escoger creer que Él es confiable. Ahora es el tiempo de posicionarse intencionalmente en la aceptación de que Él es fiel CONTIGO.

No esperes hasta estar en medio de la prueba, preguntándote si Dios va a intervenir. Deja de buscar que Él se pruebe ante ti. Esa actitud viene de un lugar de duda y de incredulidad en tu corazón. Determina en tu corazón creer que Dios es fiel- y ahora escucha con atención- incluso cuando el resultado de tu prueba no es lo que pensabas que debería ser. A medida que proclamas la fidelidad de Dios, ¡las fortalezas de incredulidad empezarán a caer! Te encontrarás en los lugares celestiales con la fidelidad de Dios inscrita en tu corazón.

Dios ya ha invadido, está invadiendo y *seguirá* invadiendo tu vida con Su fidelidad. ¿Cuál es el fruto de Su fidelidad en tu corazón? Aprendes que puedes *confiar* en Él. Él es digno de confianza porque Él es fiel a ti una y otra vez.

Saber, creer y experimentar Su fidelidad es el fundamento de la *confianza*.

Cada uno de nosotros tiene una voz que importa. Tú eres significativo. Ya sea que hables o no, lo que creer aflorará a la superficie y será visto. No permitas que tu voz sea una voz que se queja y que tiene un sonido negativo. Creer ferozmente en la fidelidad de Dios moverá tu vida y ¡hará que te levantes y rujas como el león poderoso que estremece la tierra!

¡Ven, león! Remuévete y estremece la tierra al proclamar quién es Dios. Declara Su mismísimo carácter- declara que Él es fiel. ¡Milagrosamente fiel! Cada declaración tiene poder cuando tú hablas de la fidelidad de Dios con convicción. Advertencia: esto no es hacerlo por hacerlo, esto puede *cambiarte* realmente.

DECLARACIONES DE POSICIONAMIENTO

FIDELIDAD PLENA

¡Dios, Tú eres completamente fiel! Eres confiable, ¡Y eres digo de confianza! (1 Cor. 1:9)

Tú eres fiel a Tu palabra. ¡Tu afecto por mí es constante! (1 Cor. 1:9)

Puedo depender de Ti. ¡Y dependo de Ti! (1 Cor. 1:9)

Tú haces que todo obre para mi bien. (Rom. 8:28)

Ahora mismo, estás trabajando tras bambalinas a mi favor. No lo veo siempre, pero sé que lo estás haciendo. (Rom. 8:28)

Tú comenzaste una buena obra en mí, y Tú serás fiel en completarla. (Fil. 1:6)

¡Tú haces todas las cosas asombrosas que yo no puedo hacer por mí! (Fil. 1:6)

Dios, Tú eres fiel. El amor y la fidclidad van delante de ti. (Sal. 89:14)

Tú me ofreces un lugar de descanso en Tu amor apasionado. (Sal. 23)

Tú eres fiel en guardar Tus promesas. (Heb.10:36-37)

Tú eres mi buen y fiel Pastor. (Sal. 23)

Tú eres fiel en cuidarme. (Sal. 23)

Tú eres mi mejor amigo y eres mi Pastor. Siempre tengo más que suficiente. (Sal. 23)

Tú me prometiste guiarme a lugares de descanso. ¡Y así lo haces! (Sal. 23)

Tú prometiste refrescarme y restaurarme. ¡Y lo haces! (Sal. 23)

Tú prometiste guiarme por sendas de justicia. ¡Y lo haces! (Sal. 23)

El consuelo de Tu amor echa fuera todo temor. (Sal. 23)

Tú prometiste sostenerme. ¡Y lo haces! (Sal. 23)

¡Tú me unges con la fragancia de Tu Espíritu Santo! ¡Derramas tanto sobre mí que se rebosa y desborda! (Sal. 23)

Tú bondad y tu amor me persiguen todos los días de mi vida. (Sal. 23)

Tú me diseñaste para disfrutar de una compañía dulce e íntima Contigo. (Sal. 23)

Dios, Tú eres completamente fie y Tú me fortaleces y proteges del enemigo. (2 Tesalonicenses 3:3)

Dios, Tú eres fiel. Tú me mantienes firme y fuerte hasta el final. (1Cor. 1:8-9)

Tú eres eternamente fiel y en Ti se puede confiar. (1 Cor. 1:8-9)

¡Tú eres fiel! Tú me perdonas en todo tiempo y me limpias de toda maldad. (1 Juan 1:9)

Tú eres fiel para responder mis oraciones. (Sal. 143:1-2)

¡Tu fidelidad es grande! (Lam. 3:23)

¡Tus misericordias y Tu compasión son nuevas cada mañana! (Lam. 3:23)

Tu amor, Oh Señor, ¡alcanza los cielos! ¡Tu fidelidad alcanza las nubes! (Sal. 36:5)

Tu amor permanece firme para siempre. ¡Tú estableciste Tu fidelidad en el mismo cielo! (Sal. 89:2)

Oh Jehová, Dios de los ejércitos,
¿Quién como tú? Poderoso eres, Jehová, ¡y tu fidelidad te rodea! (Sal. 89:8)

Tú nunca me fallarás. (Heb. 13:5)

Tú nunca me abandonarás. (Heb. 13:5)

Tú me has puesto como un sello sobre Tu corazón. Te mueves a mi favor con pasión como la de una llama ardiente. (Cantares 8:6)

Toda tu obra, Señor, es hecha en fidelidad. (Sal. 33:4)

Como un hijo de Dios, sé que Tú me escuchas siempre. (Juan 11:42)

Tu palabra Eterna permanece firme en los cielos. (Sal. 119:89-90)

Tu fidelidad es de generación en generación (Sal. 119:89-90)

Te invoco y Tú me respondes. (Sal. 91:15)

Tú estás conmigo en tiempos de tribulación. (Sal. 91:15)

Tú me libras y me honras. (Sal. 91:15)

¡Tú eres completamente fiel, aunque yo no lo sea! (2 Tim. 2:13)

Tú eres el autor y consumador de mi fe. (Heb. 12:2)

Por Tu amor por mí, Tú eres fiel para disciplinarme y corregirme. (Heb. 12:6)

¡Estoy muy agradecido porque Tú me ayudas a mantenerme en el camino! (Heb. 12:6)

Me aferro a Tus promesas, porque Tú eres fiel y siempre guardas Tu Palabra. (Heb. 10:23)

¡Grande es Tu fidelidad! (Lam. 3:23)

¡Grande es Tu fidelidad! (Lam. 3:23)

¡Grande es Tu fidelidad! (Lam. 3:23)

DECLARACIONES DE POSICIONAMIENTO

- Cuando te cueste creer un versículo de posicionamiento, prácticamente has estado creyendo una mentira. Nota lo siguiente: este es un lugar de tu mente que necesita ser reajustado con la verdad de Dios. Escribe la mentira y después, escribe la verdad según la Palabra de Dios.

- Puedes orar, *"Dios, perdóname por haber creído esa mentira, quebranto el acuerdo que establecí con ella. Perdóname. Sana el lugar lastimado de mi corazón en donde estaba la mentira. Llena mi corazón y mente con Tu verdad al hablar Tu Palabra. En el nombre de Jesús. Amén".*

ACTIVACIONES EXPERIENCIALES

SINTONIZÁNDOSE CON SU FIDELIDAD

Primera Activación

Caer ante el estrés y olvidarnos de la fidelidad de Dios es una batalla que todos enfrentamos. Y es fácil perderse en ella. Muchas, muchas personas pasan por ello. Perdemos de vista la fidelidad de Dios y miramos a nuestras circunstancias. Vemos las limitaciones de este mundo natural y nos salimos del mundo sin límites de Dios. La fidelidad de Dios es quitada de la ecuación.

¿Cómo logramos mantenernos dentro de la perspectiva de Dios? Un amigo me dijo recientemente, "sigue mirando hacia abajo. Porque esa es la vista que tienes desde donde estás sentada- en los lugares celestiales" (Efesios 2:6). Cuando nos posicionamos, hablamos desde este "lugar celestial". Le damos una voz a nuestro acuerdo con el cielo y hablamos desde una perspectiva del ámbito celestial. Algunas personas me han dicho que no saben si decir algunos versículos bíblicos porque no parecen ser verdaderos para ese momento de sus vidas. Pero ese precisamente es el propósito de renovar tu mente- traer a tu pensamiento a una alineación con el cielo. Esto significa desmantelar las antiguas maneras de pensar y reemplazarlas por nuevas. Posicionarse es renovar tu mente.

Ya sabes qué hacer: ubica las Declaraciones de Fidelidad Plena de este capítulo dos veces al día- una en la mañana y otra en la tarde. Hazlo justo al levantarte y justo antes de acostarte. Luego de una semana, escoge diez versículos para seguir declarándolos durante treinta días. ¡Ahora estarás transformando realmente las mentalidades! Háblale a la atmósfera que te rodea y a tu interior, de la fidelidad de Dios. Sé como la viuda persistente y no te rindas (Lucas 18:1-8). Al hacerlo, te preparas para los sueños celestiales y para empezar tu día con una perspectiva celestial.

Segunda Activación

Dios nos promete que Él nunca nos dejará ni nos desamparará (Hebreos 13:5). Él siempre ha estado a tu lado a través de las buenas y las malas. Piensa en aquella vez en que creías que Dios te había dejado y luego te diste cuenta de que Él había estado contigo todo el tiempo. Con frecuencia, vemos la foto completa semanas, meses e incluso años después. Piensa en una situación desafiante que estás viviendo ahora. Sí, Dios está obrando en medio de esta situación actual, justo como lo ha hecho en el pasado. ¿Por qué la fidelidad de Dios cambia el juego?

Tómate un momento y aquiétate y dite a ti mismo que Dios te está ayudando ahora mismo. Al hacerlo, estás escogiendo voluntariamente asumir una mentalidad basada en las escrituras. Con esta activación, dile al Señor a lo largo de la semana, *"sé que me estás ayudando en esta prueba- ¡porque Tú eres fiel!"*

Tercera Activación

Renovar tu mente es ponerte de acuerdo con la fidelidad inagotable de Dios y permitirle a Su fidelidad enraizarse más en ti. Pero también Dios te está llamando a ser más fiel. Yo generalmente les digo a quienes mentoreo que a Dios le interesa más *cómo* hacemos lo que hacemos que *aquello* que hacemos. Al hablarle a la iglesia de Esmirna, en Apocalipsis 2:10 (Traducción La Pasión) el Señor dice:

> *"… permanece fiel hasta el día que mueras y Yo te daré la corona vencedora de vida"*

La integridad importa. Ser honorable y mantener tu palabra importa. Aferrarte firmemente a tu fe importa. Tu fidelidad cuenta. Considera la siguiente afirmación:

"Yo le pertenezco a Dios. Él me escogió y me apartó para Él. Declaro sobre mi vida, ante los cielos y la tierra: ¡Dios es completamente fiel conmigo! Y escojo la fidelidad. Yo escojo ser fiel en todo lo que hago".

Medítala en tu corazón. Ahora mismo, proclama dichas palabras. Al hablarlas, úngete con aceite. (Una crema de manos también puede servir. ¡Una vez usé crema dental cuando no tenía nada más a la mano!). Este puede ser un acto que recuerdes como algo significativo en tu vida.

Cuarta Activación

Haz un salmo personalizado referente a la fidelidad del Señor. ¿Qué ha hecho en el pasado Él por ti? ¿Qué está haciendo por ti ahora? ¿Qué crees que Él hará por ti en tu futuro? ¿Cómo se ve reflejada Su naturaleza y carácter allí?

Quinta Activación

A través de este estudio, nos hemos sumergido en la fidelidad de Dios hacia nosotros. ¿Y qué decir de nuestra fidelidad hacia Dios? ¿Y de nuestra fidelidad con la gente? La fidelidad es uno de los frutos del Espíritu (Gálatas 5:22-23). Diariamente, asumimos una postura desde la fidelidad y escogemos la manera en que este fruto madurará en nosotros. Escogemos serles fieles a Dios. Escogemos ser fieles a otros y crecer en nuestra fidelidad. La fidelidad no es un deber tener- es un querer tener. Incluso algo que debemos ser.

> *"Quien es fiel en lo muy poco que le ha sido dado en fidelidad e integridad, será promovido y se le confiarán mayores responsabilidades. Pero aquellos que son infieles con lo poco que se les ha dado, no serán considerados como dignos de recibir más. Si no manejas con integridad las riquezas de este mundo, por qué se te debería confiar los tesoros eternos del mundo espiritual: y si no has demostrado ser fiel con lo que le pertenece a otro, ¿por qué se te habría de dar una riqueza propia?" (Lucas 16:10-12)*

Piensa en tu fidelidad. Considera las maneras en que has manejado tu fidelidad e integridad con relación a lo que te ha sido dado. ¿Cuáles son esas cosas? ¿En qué eres fiel a Dios? ¿Y qué me dices de los demás? Escribe una lista de maneras en las que eres y puedes ser fiel.

ENFOQUE DE ORACIÓN

FIDELIDAD PLENA

Padre Celestial, ¡Tú eres tan fiel! Cuando pienso en todas las veces que siempre has estado allí para mí, mis miedos sobre el futuro se despedazan. A medida que paso por circunstancias difíciles, Tú eres fiel para obrar en todo para mi bien. Tú me llamas a ser fiel también. ¡Y yo respondo, Sí! Yo también soy fiel. Continuaré siendo fiel en todos los días de mi vida y recibiré la corona de vida. Cumplo mis promesas, soy una persona de integridad. Confío en Ti y Tú me fortaleces. ¡Tú eres fiel para cuidarme! Incluso con cada inhalación de aire que tomo, Tú eres fiel. Amén.

PALABRA CELESTIAL

¿Amado, recuerdas lo que vio Juan? Vio un cielo abierto y allí frente a él un jinete en un caballo blanco a quien se le llama Fiel y Verdadero. Esta es Mi identidad: Fiel y Verdadero. Ese es Quien soy Yo. Te creé y te planeé. Ciertamente, me puedo ocupar de ti. Nunca duermo- ¡siempre estoy cuidándote! ¡Soy FIEL y VERDADERO!

APOCALIPSIS 19:11

SALMOS 139:13; SALMOS 121:4

"Confía completamente en el Señor, y no te fíes de tus propias opiniones. Fíate en Él de todo corazón para que te guíe, y Él te guiará en cada decisión que tomes. Hazte íntimo de Él en todo lo que hagas, y Él te guiará donde quiera que vayas"

PROVERBIOS 3:5-6
TRADUCCIÓN LA PASIÓN

6

Confiando en Dios
Depende de Él

Confiar: confianza, certeza y dependencia de Dios
En todo lo que Él es y en todo lo que Él dice.

È l levantó su vista del reporte de patología y dijo, "es positivo". Mi esposo me tomó la mano. "Y sé lo que se te viene por delante". Claro que lo sabía. Era un doctor y había estado tratando pacientes con cáncer durante los últimos diez años. La mayoría eran mujeres con diagnóstico de cáncer de seno- justo como el mío.

Nunca pensé que me pasaría a mí. Después de todo, había sido diaconisa en la oficina. Yo era la que oraba por los pacientes con cáncer. Había visto milagros. Había visto que la gente se sanaba. ¿Cómo podría pasarme algo así?

Experimenté una reacción visceral. Nunca sospeché que fuera a reaccionar de esa manera: sentí vergüenza. Así como lo oyes. Me avergoncé y me apené de que yo, una ministra cristiana, una que creía en la sanidad y que ministraba en milagros y señales pudiera tener diagnóstico de cáncer de seno. Yo pensaba que era inmune a ese tipo de cosas. Busqué al Señor con mi maleta cargada de emociones encontradas y de pensamientos de auto desprecio y se las entregué. Necesitaba colocar mis pies sobre la roca.

Si quieres acercarte a Dios, vas a tener que confiar en Él con *todo*. Confiar en Dios significa que confías en Él- en que Él es *bueno*, en que te *ama* y que Él está obrando todo para tu bien. La parte desafiante de confiar es que Él no se ajusta a nuestra noción del tiempo. Nosotros tenemos fechas límites; Él ve más allá de eso. Nosotros vemos obstáculos; Él ve rompimiento de barreras. Nosotros vemos la manera en que creemos que las cosas podrían o deberían darse; Él nos persuade de no confiar en nuestro propio entendimiento.

Cuando atravesamos por pruebas realmente duras-y sentimos que lo único que podemos hacer es aferrarnos fuertemente al borde de Su manto y volar a través de la tormenta- Él está viendo. *¿Seguirá amándome y confiando en Mí aunque las respuestas no sean las que ella esperaba?* La confianza es una decisión que implica que sin importar la situación en la que te encuentres, estás determinado a creer que Dios es digno de confianza y en que Él es bueno.

A medida que tu fe crece, tu confianza se vuelve más penetrante. Ahora puedes confiarla a Él tus finanzas, tu familia y tu futuro. Cada detalle de tu vida le ha sido confiado a Él. Algunas veces Él revela lugares recónditos en donde aún pretendes tener el control y de los cuales te aferras intentando manejar las cosas tú mismo. Con gran ternura, sueltas y tu confianza se expande. ¿Hacia dónde vas? Hacia confiar en Dios sin límite alguno.

Confiar plenamente significa que en lo más profundo de tu interior te rehúsas a rendirte, a renunciar. La confianza te mueve a dar pasos en un mundo milagrosamente extraordinario. ¿Por qué? Porque confías en Dios para una intervención milagrosa. La confianza cree en aquello que no se ve. La confianza cree que la mano sobrenatural de Dios está obrando en la tras escena. La confianza sabe que Él está obrando todas las cosas para nuestro bien por causa de nuestro amor hacia Él. (Rom. 8:28). La confianza observa.

La temporada más significativa de la fe no es cuando las respuestas a las oraciones se manifiestan a derecha y a izquierda, sino cuando seguimos creyendo a pesar de que no vemos todavía ningún fruto. Muchas veces- durante varias pruebas- cuando no puedo ver el final de éstas- sopeso y digo, *"Señor, pase lo que pase, ¡no me voy a rendir! ¡Dios, confío en TI! ¡Tú eres quien dirige mi camino!"* La fe es la confianza plena de que en medio de la prueba, Dios está a *tu* favor.

Nos hemos posicionado desde la fidelidad de Dios. Ahora es tiempo de posicionarnos desde la confianza sin límites. Ser fiel es lo que *Él* hace; confiar es lo que *nosotros* hacemos. Tal vez sientes que tienes poca fe o poca confianza. No te preocupes. A todos nos ha sido dada una medida de fe que crecerá. Así como la pequeña semilla de mostaza se convierte en un gran árbol, tu vida basada en la fe se incrementará en tamaño (Mat.13:31-32; 17:20)

Dios está vivo, tu fe está viviendo. Los versículos de la Biblia sobre la confianza nos proveen un ánimo poderoso para un mayor entendimiento de la fe y del camino de la confianza. ¡No serás el mismo que eres hoy la próxima semana- el árbol ciertamente crecerá! Te estás desarrollando, creciendo y floreciendo. No te preocupes por el pequeño tamaño de la semilla en este momento. Guíate por lo que es cierto. Habla con confianza, sabiendo que eres extravagantemente amado y altamente favorecido.

Cuando tomas pasos a conciencia para transformar tu pensamiento, no será algo que toque únicamente tu cabeza. Revolucionará tu corazón. Así que alístate para una revolución a medida que proclamas estos versículos con todo tu corazón. ¡Aquí vamos rugiendo en el ámbito de la confianza sin límites!

DECLARACIONES DE POSICIONAMIENTO

CONFIANZA SIN LÍMITES

Confío en Ti, Señor, con todo mi corazón.
No me apoyo en mi propia prudencia.
Te reconozco en todos mis caminos, y Tú enderezas mis veredas. (Prov. 3:5-6)

Tú eres más grande que todas mis circunstancias, y Todo lo obras para mi bien. (Rom. 8:28)

Confío en Ti, con relación a mi futuro (Jer. 29:11)

Incluso cuando las cosas no resultan como quiero, Sigo confiando en Ti. (Prov. 3:5-6)

Confío en que Tú te ocupas de cada detalle de mi vida. (Mat. 6:26)

Confío en que Tu gracia es suficiente. Dios, Tu habilidad obra en mí y Tu poder se fortalece en mi debilidad. (2 Cor. 12:9)

Señor, confío en que estás conmigo donde quiera que yo vaya,
Me estás cuidando siempre. (Sal. 23)

Aunque camine por el valle de sombre de muerte, no temeré mal alguno porque Tú estás conmigo. (Sal. 23)

Mi mente está enfocada en confiar en Ti, por lo tanto Tú me guardas en completa paz. (Isa. 26:3)

Bendito el hombre que cree, confía y descansa en el Señor. ¡Ese soy yo! (Jer. 17:3)

Mi esperanza y mi confianza están en el Señor. (Jer. 17:3)

Por cuanto confío en Ti, el amor que no falla me rodea. Cada vez que me volteo me doy cuenta de Tú me amas. (Sal. 32:10)

Sin fe, es imposible agradar a Dios.
Tengo fe. Confío en Dios. (Heb. 11:6)

Tengo certeza de que Tú galardonas a quienes te buscan con diligencia. ¡Soy un buscador diligente! ¡Ahora mismo, Tú me estás galardonando! (Heb. 11:6)

Vivo mi vida por fe. Estoy seguro de lo que espero y tengo certeza de lo que no veo. (Heb. 11:1)

Sé que tengo fe porque Dios les ha otorgado a todos una medida de fe. (Rom. 12:3)

La fe viene por el oír, y el oír por la palabra de Dios. Hablo la palabra de Dios; incremento mi fe. Mi fe crece cada día. (Rom. 10:17:2; Tes. 1:3)

Estoy peleando la buena batalla de la fe, confiando plenamente en Dios. (1 Tim. 6:12; 2 Tim. 4:7)

El mensaje de la fe está en mis labios y en mi corazón. Desde el fondo de mi corazón proclamo: *¡Confío en las promesas de Dios!* (Rom. 10:8)

Creo valientemente en todo lo que pido en oración, creo en que lo he recibido, y será mío. (Marcos 11:24)

Hablar por fe en el nombre de Jesús produce milagros maravillosos. (Juan 14:14)

Las pruebas vienen para probar que mi fe sea genuina.
Así como el fuego purifica el oro, mi fe será probada. Mi fe es mucho más preciosa que el oro. Voy por la prueba. No dudaré. Confío en Dios. (1 Pet. 1:7)

Cuando es probada mi fe, se despierta el poder dentro de mí para soportar todas las cosas. (Santiago 1:3)

Durante una prueba, puedo ver exactamente dónde está mi fe. Cuando mi fe es probada, la resistencia y la paciencia tienen la oportunidad de crecer. (Santiago 1:3)

El justo por la fe vivirá. Tengo plena confianza en Dios y en Su habilidad para suplir todas las cosas. (Rom. 1:17)

Creo en que Dios hace milagros, señales y prodigios. Actúo en mi fe, porque la fe sin obras es muerta. (Santiago 2:26)

Estoy plenamente persuadida de que Dios puede hacer muchísimo más de lo que yo puedo pedir o imaginar. (Efesios 3:20)

¡Confío en que el poder sobrenatural de Dios está vivo y obra en mi! (Efe. 3:20)

Me visto con la armadura completa de Dios, y cuando ataque la guerra, tomo el escudo de la fe con el que puedo apagar todos- no unos poco o algunos- sino *todos* los dardos de fuego del maligno. (Efesios 6:13,16)

DECLARACIONES DE POSICIONAMIENTO

- Cuando te cueste creer un versículo de posicionamiento, prácticamente has estado creyendo una mentira. Nota lo siguiente: este es un lugar de tu mente que necesita ser reajustado con la verdad de Dios. Escribe la mentira y después, escribe la verdad según la Palabra de Dios.

- Puedes orar, *"Dios, perdóname por haber creído esa mentira, quebranto el acuerdo que establecí con ella. Perdóname. Sana el lugar lastimado de mi corazón en donde estaba la mentira. Llena mi corazón y mente con Tu verdad al hablar Tu Palabra. En el nombre de Jesús. Amén".*

ACTIVACIONES EXPERIENCIALES

RECONOCIENDO A DIOS EN TODOS TUS CAMINOS

Primera Activación

Cuando las circunstancias en nuestras vidas desafían nuestra fe y confianza en Dios, debemos estar listos para pelear la buena batalla de la fe. Un guerrero no se prepara al ir a la batalla- se prepara mucho *antes* de ésta. Nosotros nos preparamos cuando alineamos rigurosamente nuestros pensamientos con el cielo. Entonces, nuestros pensamientos se convierten en pensamientos de poder. Declara estos versículos personalizados en voz alta dos veces al día por una semana. Desátalos sobre las circunstancias de tu vida.

Te estás convirtiendo en alguien que habla con intencionalidad, saturándote con la verdad. Declarar lo que es verdadero transforma tu interior. El fruto de tu trabajo interior se manifestará en tu diario vivir. Alinearse con la manera que Dios te ve transforma tu vida. ¡Experimentarás que tu fe y tu confianza en Dios se incrementan notoriamente!

Escoge diez versículos y continúa declarándolos por los siguientes treinta días. Un nuevo estilo de vida se está formando. Mantén este momento.

Segunda Activación

Los israelitas contaron le contaron a sus hijos y a los hijos de sus hijos, historias de los milagros poderosos de Dios. Los eventos se conmemoraban nombrando lugares, personas y ciudades en honor a los milagros y encuentros con Dios. Ellos se aseguraban de que todo lo que Dios había hecho por ellos fuera recordado por las generaciones por venir.

Pídele al Espíritu Santo que te muestre las pruebas más fuertes que has enfrentado y cómo escogiste confiar en Dios. Cierra tus ojos y revive lo que Dios hizo por ti. Conmemora la intervención de Dios a tu favor, tomándote el tiempo para escribir sobre ese evento y sobre lo que Él hizo por ti. Llevar un registro de todo lo que Dios ha hecho por ti fortalece tu fe. Escogiste sólo un evento, pero estoy segura de que si meditaste sobre él, verás cuán vasta es la participación de Dios en tu vida. (En el manual hay un lugar para desarrollar la actividad)

Tercera Activación

Ve con una amiga o amigo a una "caminata de la confianza" alrededor de tu barrio. Esta activación puede ser desafiante para ti, razón por la cual te sugiero que la hagas con quien te sientas en confianza. Dale la mano a tu amigo, cierra tus ojos y permite que él/ella te guíe en la caminata. Con tus ojos cerrados, toca las flores, los árboles, los edificios. Incluso puedes intentar caminar rápido. Piensa en lo que se siente no tener ya más el control. Este ejercicio será un punto de partida en el ámbito natural. Pero el Dios de toda la creación tiene lugares y revelaciones maravillosas para mostrarte.

> *"Cosas que ojo no vio, ni oído oyó, ni han subido en el corazón de hombre, son las que Dios ha preparado para los que le aman"- pero Dios nos las reveló a nosotros por el Espíritu; porque el Espíritu todo lo escudriña, aun lo profundo de Dios" (1 Cor. 2:9-10)*

El Espíritu Santo es el Revelador y Él nos revela las cosas profundas de Dios. ¡Estamos en una aventura extraordinaria! A medida que soltamos nuestras maneras preconcebidas de experimentar el mundo y abrimos nuestros sentidos espirituales para el Señor, se aseguran las aventuras celestiales. Tu vida con Dios es una "caminata de confianza" sobrenatural. Te has estado posicionando en tener una relación más íntima con Dios. Él es quien te lleva a caminatas espirituales y te muestra Sus tesoros del ámbito celestial. Todo esto es un subproducto de desarrollar una relación íntima con el Padre.

Cuarta Activación

Lee Filipenses 1:6 en varias traducciones. Dios empezó una buena obra en ti y seguirá desarrollándola hasta el día de Jesucristo. ¿Cuáles son esas áreas específicas de tu carácter que confías que Dios terminará en ti? ¿Qué estás haciendo específicamente para cooperar con la obra de Dios en ti?

¿Cuáles sueños y visiones confías en que Él cumplirá? Escríbelos rápidamente. Nuevamente, ¿cómo estás haciendo tu parte? Muchos cristianos piensan que lo que deben hacer es sentarse, esperar y no hacer nada. Pero esta es una relación. Él nos llama a trabajar junto con Él. Recuerda: la fe sin obras es muerta. Úngete con aceite de oliva (o con lo que tengas a la mano) como una manera simbólica de consagrarte como quien confía en Dios diariamente. Puedes hacerlo orando la Oración de Confianza escrita a continuación:

ENFOQUE DE ORACIÓN

CONFIANZA EXTRAORDINARIA

Jesús, Tú eres fiel y verdadero. Perdóname por dudar de Ti y por tomar los asuntos en mis manos. Pongo mis manos sobre mi cabeza y declaro delante de Ti que me posiciono como quien confía en Ti. Tu línea del tiempo, va más allá de mi entendimiento. Cuando tu manera de obrar no tenga sentido para mí, confiaré en Ti. No confiaré en mi entendimiento limitado. Valientemente suelto y vivo una vida de confianza. Amén.

PALABRA CELESTIAL

Querido, ten certeza de lo siguiente: empecé una buena obra en ti, y la terminaré. Puedo hacer más de lo que puedas pedir o imaginar. Así que piensa en grande y confía en Mí. Estoy cuidando con detalle cada parte de tu vida. Envié al Espíritu Santo para que te ayude. ¡Él es llamado el Ayudante- un ayudante con A mayúscula! Descansa, invoca, confía en mi Espíritu como tu Ayudador. Tú nunca estás solo. Siempre estoy contigo. En este momento, estoy contigo. Sé dónde estás, y Estoy contigo.

FILIPENSES 1:6; EFESIOS 3:20;
JUAN 14:16-20

"Tú guardarás en perfecta y constante paz a aquel cuyo pensamiento (inclinación y carácter) está comprometido y enfocado en Ti, porque él se compromete contigo, confía en Ti y espera confiadamente en Ti.

ISAÍAS 26:3 VERSIÓN AMPLIFICADA.

7

Paz Milagrosa

EL Temor y la Ansiedad No Te Pueden Tener

Paz: un estado de descanso, quietud y calma;
Perfecto bienestar; ausencia de lucha.

"*Voy a salir de esto. Voy a lograrlo. Tengo esperanza, tengo un futuro. Voy a conseguirlo*" Mi voz sonaba apagada. Incluso temblorosa. Todos mis amigos y mi familia se habían ido. "*Es muy pronto para quedarme sola*" pensé. Pero todos tenían que volver a retomar sus trabajos, sus familias y sus vacaciones tan anheladas. Mi esposo ya no estaba- estaba en el cielo. Y ahora estaba solo yo-y Dios. Lo sabía. No tenía a dónde ir, no tenía a quién llamar, no había nada que pudiera hacer. Con mi cabeza medio enterrada en las sábanas, sabía que tenía que aferrarme a lo única opción de vida disponible. Tenía que hacerlo. Tenía que alinear mis pensamientos con el cielo. Tenía que verme con los ojos de Dios. Montarme en una ola de Su palabra era mi única esperanza. Mi mente tenía que asentarse, confiar en Él, creerle a Él y reposar en Él.

Con el paso de las semanas, mi voz creció y se hizo más fuerte. "*Tengo un futuro y una esperanza*" En medio de la noche, cuando la soledad me aplastaba, lo decía en voz alta una y otra vez. Durante el día, esas palabras me permitían seguir adelante. El Espíritu Santo me fortalecía al ponerme de acuerdo con el cielo acerca de mi futuro. No estoy diciendo que fuera fácil. Como podrás imaginarte, no lo fue. Oye, había estado casada más de treinta años. Tenía que luchar por la promesa de la paz de Dios. Escogí asirme de Su manto mientras luchaba en la tormenta. La paz sobre tener un futuro sin mi esposo pasó de mi mente a mi espíritu. Vino la emoción. El gozo también llegó. Empecé a trabajar en mi siguiente libro.

Puede que te estés preguntando algo como lo siguiente: *¿si Jesús vino para darme paz, por qué parece tan difícil de recibir algunas veces?* Por dos razones. Primera, la verdadera paz solamente viene de Dios. Es una promesa en Su tierra prometida de las promesas. ¿Qué quiere decir esto? Es alcanzable, pero tenemos que luchar por ella. Debemos vencer los gigantes de la oposición. Debemos perseverar. Recuerda esto: Dios dijo que las promesas son tuyas- puedes poseer la tierra. Posiciónate para pelear *desde* la victoria, no *hacia* la victoria.

Segundo, tenemos un antagonista, un ladrón que viene para hurtar, matar y destruir nuestra paz. Su táctica principal: el miedo. La batalla contra el miedo tiene lugar justo entre tus orejas. Luego aparecen las emociones. Si dejas que el miedo pase desapercibido, la enfermedad puede emerger. Déjame darte un ejemplo de cuán rápido puede suceder algo así.

Pedro entró valientemente al mundo sobrenatural de Dios y caminó sobre el agua. Él fijó sus ojos en Jesús y desafió sus circunstancias. En el instante en que su enfoque pasó de Jesús a las circunstancias, los pensamientos que inducían al temor invadieron su mente. *¿Qué estoy haciendo?! ¡Estas olas están gigantes! ¡Me voy a ahogar!* En un segundo, Pedro estuvo de regreso en el mundo de la limitación, con el miedo ganando esa mano. Empezó a hundirse. No tenía paz. Y justo a los talones del temor llegó la preocupación.

Así de sencillo: el ladrón de la paz es el temor. El temor nos inmoviliza. Nos detiene de movernos hacia adelante con nuestros trabajos, nuestras relaciones, nuestras finanzas y con lo más importante, nos mantiene lejos de entrar en el mundo sobrenatural de Dios en donde TODO es posible. Incluso caminar sobre el agua. El temor nos paraliza y nos hace tomar decisiones "seguras" por no decir inferiores. Nos roba el gozo y el rompimiento de barreras que se deriva de ser valiente y tomar riesgos. Mantiene nuestros sueños a la deriva. El temor viene de parte de un espíritu que no viene de Dios. Cuando nuestros *pensamientos* se alinean con éste, el espíritu gana una fortaleza en nuestras vidas y ésta nos mantendrá en atadura.

El temor y la ansiedad son síntomas del miedo. La ansiedad atormenta a una persona sobre cosas miedosas que podrían pasar. Le roba el sueño a la gente y la habilidad de enfocarse durante el día. La ansiedad sobre lo que no hemos hecho, podríamos haber hecho o podríamos perder puede consumir nuestras mentes. Trae consigo pensamientos que roban la paz y que pueden ser como éstos: *tu futuro parece incierto. Vas a fallar. No vas a sobrevivir a esto. Nunca podrás pagar esta factura.* Y esos pensamientos pueden asaltar a cualquiera de nosotros.

¿Así que qué vas a hacer cuando arrecie el ataque? A penas nos demos cuenta de que es un ataque a nuestra paz, es tiempo de enlazar nuestro pensamiento. Cuando no se trabajan los pensamientos de ansiedad, la ansiedad se vuelve un estilo de vida. Se erige como una fortaleza en tu mente. Sé que puedes pensar en personas que conoces que mantienen preocupadas sobre algo. La ansiedad es una trampa, una ilusión desde el mismísimo infierno. La ansiedad revela dónde está nuestro enfoque- si en Jesús o en la tormenta.

¿Quieres saber qué más se roba tu paz? Sentirte apurado, lleno de fechas límite para hacer las cosas y no tener prácticamente tiempo para hacer todo lo que crees que debes hacer. Con frecuencia, desearía tener más tiempo para hacer todo. Pareciera que las primeras horas del día se van rapidísimo. ¿Te ha pasado? Cuando nuestras "lista de cosas por hacer" no se lleva a cabo nos estresamos. Cuando la gente nos ofende, nos sentimos lastimados y molestos. Cuando las puertas de oportunidad no se abren, nos desanimamos.

Todo esto nos lleva a un lugar: ¡AL TEMOR! Y ese temor pone un tapete para que llegue la ansiedad. ¿Será que esto va a terminar en algún momento? Dudamos. Continuaremos ocupados y teniendo pruebas el resto de nuestras vidas. Incluso, Dios aclara algo, ¡Jesús vino para darnos paz! Él tiene planes para cada uno de nosotros- y Él cumplirá esos planes. El tiempo no le preocupa. Él está por fuera del tiempo. Él ya tiene la manera de que venzas cada obstáculo y encuentres una paz sobrenatural al hacerlo. Aquí está la GRAN CLAVE:

> *Dios te da suficiente tiempo para hacer todo*
> *lo que Él te ha llamado a hacer.*

Vivir nuestras vidas como si no tuviéramos suficiente tiempo para lo que requerimos nos puede hacer sentir inadecuados e incompetentes. ¡Corremos todo el día como gallina sin cabeza! Creo firmemente que esta es una táctica del enemigo: convencernos de poner muchas cosas en nuestro plato para hacernos sentir abrumados y mal sobre nosotros mismos. El tiempo es valioso. Una comodidad preciosa. ¿Por qué crees que el diablo quiere que se nos acabe el tiempo? ¡Para que no le demos nada de nuestro tiempo a Dios! Eso es. La batalla está servida. No puedo contarte de todos aquellos que me han dicho que están muy cansados de levantarse temprano a orar. Muy cansados de pasar tiempo con Dios. Tu tiempo es el campo de batalla. Acéptalo.

La mayoría de los sentimientos de temor y preocupación se generan desde un lugar en donde no estamos reconociendo la realidad de que Dios está con nosotros. La paz es una persona y su nombre es Jesús. En Salmos 23, el salmista declara poéticamente que Dios está con nosotros cuando caminamos en el valle de sombra de muerte. ¡Huy! ¡Eso es intenso! La muerte está acechando, llenándonos de sombra, pero Dios está con nosotros. En realidad no hay nada de lo que debamos estar asustados. ¡Incluso la muerte ha perdido su aguijón!

El Salmo 23 sigue describiendo la paz en su máxima expresión. El Señor nos hace recostar en pastos delicados y junto a aguas de reposo. ¿Suena apacible, no? Incluso Él nos prepara una cena en presencia de nuestros enemigos. Eso *tiene que ser* una paz sobrenatural. ¿Quién se puede relajar para cenar con sus enemigos a su acecho y acoso? Cuando todo el infierno se desata, justo en el ojo de la tormenta, Dios nos puede mantener en un lugar de perfecta paz. Y al hacerlo, Él nos sirve filet mignon y torta de chocolate. ¡Ja! Eso es un buen servicio a la mesa. Así que cuando la vida se torne difícil, posiciona tu actitud y empieza a buscar la mesa del banquete.

Para empezar el proceso de poseer la paz sobrenatural, entra a los ámbitos de Dios y desarrolla una nueva mentalidad. Un río fluye desde el trono de Dios con sanidad para las naciones. Cuando tus ojos están sobre Él y Su provisión, este río fluirá hacia ti y a través de ti para traer SU paz a tu vida y a tu círculo de influencia. A medida que tus patrones de pensamiento se alinean, las fortalezas demoniacas que se oponen a ti son debilitadas y el Reino de Dios se establece. ¡Entonces, ven! ¡Anímate! ¿Qué estás esperando? Salta al río. ¡Quebrantemos algunas fortalezas y proclamemos la dulce paz!

DECLARACIONES DE POSICIONAMIENTO

Señor, escojo mantener mi mente enfocada en Ti y Tú me guardarás en perfecta paz. (Isa. 26:3)

A través de mí fluye paz como un río. (Isa. 48:18)

Declaro paz sobre mí mismo. Proclamo paz sobre mi vida. Me ato a la paz. (Gal. 1:3)

¡A mis hermanos y hermanas les proclamo, "Gracia y paz sean a ustedes! ¡Gracia y paz sean a ustedes! ¡Gracia y paz sean a ustedes de parte de Dios nuestro Padre y de nuestro Señor Jesucristo!" (Gal. 1:3)

Tú guías mi camino un paso a la vez, sobre el camino de la paz. (Lucas 1:79)

Tú me has provisto de paz Señor. No una paz falsa que viene del mundo, sino una paz real que viene del cielo. Mi corazón no se turbará ni tendrá miedo. (Juan 14:27)

Echo todas mis preocupaciones, todas mis ansiedades y lo que me inquieta sobre Ti, porque Tú te ocupas de mí. (1 Pedro 5:7)

Cuando no sé qué hacer, mis ojos están en Ti, ¡Señor! (2 Cro. 20:12)

Me he posicionado para no preocuparme por las cosas de mi vida diaria. Mi Padre Celestial me cuida. Si Sus ojo está sobre el gorrión, cuánto más Me estará cuidando a mí. (Mat. 6:25)

Busco primeramente el Reino de Dios sobre todas las cosas, y todo lo demás me es añadido. (Mat. 6:33)

El Dios de paz aplasta todo lo que es antítesis de la paz. ¡Él aplastará a Satanás bajo mis pies! (Rom. 16:20)

Como confío en Ti, soy inamovible. Tengo una paz profunda. Enfrento dificultades y desafíos en este mundo. ¡Pero me animo, porque Tú has vencido al mundo! (Juan 16:33)

No me preocuparé- oraré. Con acción de gracias, presentaré todas mis peticiones delante de Ti. Tu paz sobrenatural no proviene de este mundo. Trasciende todo entendimiento humano y establece una guarda sobre mi corazón y mi mente. (Fil. 4:6-7)

La mente controlada por el Espíritu Santo es vida y paz. ¡Espíritu Santo, toma el control! (Rom. 8:6)

Jesús, Tú pagaste un gran precio para que yo pudiera tener paz.
Tú fuiste herido por mis transgresiones, fuiste molido por mis iniquidades; el castigo que necesitaba fue sobre Ti, y por Tu llaga soy sano. ¡Recibo tu paz! ¡Recibo tu paz! ¡Recibo tu paz! (Isa. 53:5)

Permito que la paz de Cristo gobierne en mi corazón. (Col. 3:15)

Oro, y Tú me respondes. Me libras de todos mis temores. (Sal. 34:4)

El Reino de Dios está vivo en mí con justicia, paz, y gozo en el Espíritu Santo. (Rom. 14:17)

El fruto del Espíritu es amor, gozo, paz, paciencia, bondad, benignidad, fe, mansedumbre y templanza. Fruto del Espíritu, crece mucho en mí. ¡Paz, crece en mí! (Gal. 5:22-23)

Jesús, Tú eres el Príncipe de Paz. Tu nombre es Admirable, Consejero, Poderoso Dios, Padre Eterno y el Príncipe de Paz. (Isa. 9:6)

Tomo Tu yugo y aprendo de Ti porque Tú eres manso y humilde de corazón, y hallaré descanso para mi alma. (Mat. 22:29)

El Señor restaura mi alma. (Sal. 23:3)

En paz me acostaré y asimismo dormiré, porque sólo Tú Señor, me ayudas a dormir tranquilo. (Sal. 4:8)

Cuando me acueste no temeré; cuando me acueste, mi sueño será dulce. (Prov. 3:24)

Señor, Tú has hecho muy claro el hecho de que nunca, nunca me dejarás ni me abandonarás. (Heb. 13:5)

Al esperar en Ti, Señor, encuentro nuevas fuerzas. Me levanto como las águilas. Corro y no me canso. Camino y no me fatigo. (Isa. 40:28,29,31)

Yo habito al abrigo del Altísimo. Moro bajo la sombra del Omnipotente. Tú me libras de las trampas y las enfermedades peligrosas y mortales. Me rodeas con Tu fidelidad. Estoy cubierto con Tus alas. Tú eres mi refugio y mi fortaleza, Mi Dios, ¡en quien confiaré! (Sal. 91:1-4)

Por cuanto he hecho del Señor mi refugio, del Altísimo mi habitación, ningún mal me sobrevendrá. Ninguna plaga llegará cerca de mi casa. (Sal. 91:9-10)

No temeré los terrores nocturnos o los peligros del día. No seré intimidado ni temeré por lo que los otros temen. ¡Caerán a mi lado diez mil, pero yo saldré intacto! (Sal. 91-5-10)

Dios le ha encargado a Sus ángeles que me cuiden y me guarden en todos mis camino. Me levantarán en sus manos y mi pie no tropezará con ninguna piedra. ¡Aplastaré al león y a la cobra! (Sal. 91:11-13)

Por cuanto en Ti he puesto mi amor, Tú me librarás. (Sal. 91:14)

Por cuanto he buscado Tu nombre, Tú me pondrás en un lugar seguro. (Sal. 91:14)

Clamaré a Ti y Tú me responderás; Tú estarás conmigo en medio de la tribulación; me rescatarás y me honrarás. ¡Me satisfarás con una larga vida y me mostrarás Tu salvación! (Sal. 91:14-16)

Tengo esperanza y tengo un futuro. (Jer. 29:11)

¡Saldré con alegría y seré guiado en paz! ¡Soy guiado por Tu paz! Guíame! Paz, guíame! (Isa. 55:12)

DECLARACIONES DE POSICIONAMIENTO

• Cuando te cueste creer un versículo de posicionamiento, prácticamente has estado creyendo una mentira. Nota lo siguiente: este es un lugar de tu mente que necesita ser reajustado con la verdad de Dios. Escribe la mentira y después, escribe la verdad según la Palabra de Dios.

• Puedes orar, *"Dios, perdóname por haber creído esa mentira, quebranto el acuerdo que establecí con ella. Perdóname. Sana el lugar lastimado de mi corazón en donde estaba la mentira. Llena mi corazón y mente con Tu verdad al hablar Tu Palabra. En el nombre de Jesús. Amén".*

ACTIVACIONES EXPERIENCIALES

PAZ

Primera Activación

Proclama que los versículos sobre la Paz que es Tuya dos veces al día por siete días. Al hacerlo estás estableciendo una rutina diaria. Comienza tu día diciendo los versículos personalizados y hazlo nuevamente antes de irte a la cama. Después de una semana, escoge diez versículos para incluirlos en tu lista de posicionamiento de treinta días.

Segunda Activación

¿Qué te está robando la paz? Haz una lista de las cosas en tu vida que te causan temor, estrés o ansiedad. ¿Cuáles son tus tres áreas de mayor preocupación? Escribe tu lista.

Lee tu lista y pregúntate a ti mismo, *"¿quiero conservar estos temores y estas preocupaciones?"* como puedes verlo a partir de mi historia al principio del capítulo, no tienes que permanecer sujeto a tu tormenta interior. El punto de partida es darte tu lista a Dios. Entrégaselo todo a Él. La Traducción La Pasión dice en 1 Pedro 5:7:

> *"Derrama todas tus angustias y tu estrés sobre Él y déjalas allí, porque Él siempre te cuida tiernamente"*

En otras palabras, dáselo todo a Él. ¿Por qué? porque Él tiene cuidado de ti. El Señor nos dice que no estemos ansiosos. Lo que dice literalmente es que debemos transferirle la carga de nuestra alma a Él. Esto es tremendo. ¡No lo tomes a la ligera! ¡Con toda seriedad, transfiérele todas tus cargas a Él!

Luego, Él nos dice que seamos agradecidos y que oremos. Él nos ayudará para este momento. Dios mismo pondrá *cerco* alrededor de nuestras mentes y nuestros corazones para que podamos tener paz. Esta es la respuesta que estabas buscando. ¡Guardar tu corazón y tu mente no es algo pequeño! *"no es simplemente una cerca de protección, sino una guarnición interna del Espíritu Santo"* (Vines, p. 284). ¡Una guarnición de paz también es tremendo negocio! Es un cuerpo de tropas estacionadas en un lugar fortificado. Habla sobre la protección. Dios está diciendo que si le entregas tu ansiedad, Él pondrá tropas alrededor de tu mente. ¡Y de tu corazón! Su guarda es una protección interna. Filipenses 4:6-7 describe todo el asunto de esta manera:

> *"Por nada estéis afanosos, sino sean conocidas vuestras peticiones delante de Dios en toda oración y ruego, en acción de gracias. Y la paz de Dios, que sobrepasa todo entendimiento, guardará vuestros corazones y vuestros pensamientos en Cristo Jesús"*

En la Biblia hay más lugares donde se nos indica que no debemos preocuparnos. Toma tu lista de ansiedad y llévala al lugar secreto para dársela a Dios. Quémala, destrúyela, bótala a la basura-haz lo que debas hacer. Dale tu lisa. Dale gracias por la guardia interna que está alrededor de tu corazón y de tu mente y que mantiene la paz en tu interior. Inhala profundamente dos veces y lee nuevamente los versículos de posicionamiento.

Tercera Activación

La mayoría de nosotros tenemos ciertas personas que siempre tienden a traer caos y drama a nuestras vidas. Evalúa cuánto acceso quiere Dios que les des en tu vida. ¿Es cierto que Dios te está llevando a ellos realmente? Si es así, ¿cuáles barreras debes reforzar? Ten en cuenta que la verdadera paz no implica mantener ciertos tratos a costa de entregar partes de tu vida. Si tienes el manual, tendrás un lugar para escribir tus percepciones.

Cuarta Activación

Algo que desata la preocupación es intentar lidiar con nuestra agenda sobrecargada de cosas. Recuerda, tienes el tiempo suficiente para hacer todo lo que Dios te ha llamado a hacer. Si estás sobrecargado y quemado, mira lo que tienes en tu bandeja. Tómala y llévala a la habitación del Trono y pregúntale a Dios qué se queda y qué se va. Debemos cuidarnos al correr la carrera. Sí, todos pasamos por temporadas donde estamos supremamente ocupados- pero esa no debe ser la norma porque terminaremos quemándonos. El miedo y la ansiedad nos sobrecogen cuando estamos súper cansados. Ponerle límites a nuestra agenda es un buen primer paso para recuperar nuestra paz.

ENFOQUE DE ORACIÓN

PAZ

Querido Señor, necesito que Tu paz reine en mi vida. Esa paz que sobrepasa todo entendimiento. Creo ciertamente que Tú eres más grande que todos mis problemas. Escojo no estresarme o preocuparme. Confío en Ti y te entrego todas mis ansiedades. La verdadera paz me pertenece. ¡Tengo paz como un río que corre a través de mí! Amén.

PALABRA CELESTIAL

Amado, Uno de Mis nombres es el Dios de Paz.
Jehová Shalom. Soy la Fuente de toda paz. Mi paz
te doy. No la paz que ofrece el mundo- sino mi Paz
real...profunda que cambia las vidas. Acércate
a Mí y permíteme liberarte de los enemigos de
tu alma. Guardaré tu corazón y tu mente y te
daré la paz que sobrepasa todo entendimiento.
Pondré un manto de paz a tu alrededor, porque
soy el Dios consolador. No se turbe tu corazón ni
tengas miedo. Siempre estoy contigo. En medio
de las tormentas, Estoy allí contigo.

JUECES 6:24; JUAN 14:27;

FILIPENSES 4:6-9;

2 CORINTIOS 1:3-4;

SALMO 12

"Si alguien ha de gloriarse,
Que se gloríe de conocerme..."

JEREMÍAS 9:24 NVI

8

Conoce y Experimenta a Dios
Personal, íntima y realmente

Conocer: volverse progresiva, profunda e
Íntimamente cercano con Dios

È l sol se filtraba a través de los grandes árboles de álamo junto al Río Big Wood. Un pequeño grupo, incluyendo a mi esposo, esperaba en la orilla pastada. Uno tras otros se sumergió en el agua clara, fría y de la montaña para ser bautizado por el pastor. Yo me senté sobre una sábana a contemplar. Yo me había bautizado a los cuatro. No pensé que tenía que hacerlo nuevamente. Por glorioso que fuera el día, mi corazón estaba pesado. Yo entendía muy poco sobre Dios. Me volví a la mujer que estaba junto a mí y dije, "no sé cómo conocer a Dios" Ella me miró y no dijo nada. Ella estaba en el mismo barco mío: anhelando conocer a Dios, pero sin saber cómo llegar allá- a Él.

Muchos de nosotros hemos dado traspiés intentando acercarnos a Dios. Hemos escuchado prédicas y leído la Biblia, pero en lo profundo de nuestro interior, sabemos que no lo conocemos a Él. No de la manera en que conocemos un buen amigo. O ni siquiera de la manera en que conocemos a alguien que no es tan amigo nuestro.

No siempre confiamos en Él con plena certeza. Y eso es porque no sabemos quién es Él. No conocemos Su carácter de manera personal. Y no estamos seguros de cómo acercarnos más. No realmente. ¿Cómo se nos revela Dios? De dos maneras principales: a través de Sus *acciones* y a través de Sus *nombres*. Sus nombres reflejan Su carácter- Su forma de ser. En lugar de revisar la lista de los nombres de Dios, démosle una mirada a Su carácter.

Sabemos que Él es el Dios de toda consolación, que Él es nuestra Paz, también nuestro Sanador, sanando nuestros corazones y también nuestros cuerpos. Él también es nuestro Proveedor, nuestro Pastor, Restaurador, Refugio, Juez, Esperanza, Justicia y nuestro amado, personal y muy buen Papá. Él es fuego consumidor, que destruye todo aquello que se oponga a Su santidad. Él es santo- completamente santo. Él está involucrado contigo personalmente hasta donde tú lo permitas. Todo lo que tiene que ver contigo le llama Su atención. A medida que lo conoces, Él se *vincula* contigo. Esto significa atraer o aferrarse, ocupar el lugar de la atención, involucrarse plenamente y brindar pronto auxilio.

Él te da la gracia para lograr todo lo que te ha llamado a hacer. Su gracia y Su misericordia duran para siempre. Tiene celo por ti y ama pasar tiempo contigo. Ama guiarte y revelarte nuevas cosas. Te guía a lugares de descanso y a lugares de guerra. Te permite tener éxito en ambos. Su cinta alrededor tuyo es la del amor. Con Él, tú puedes vencer al enemigo. Él es Dios todopoderoso- y no hay nada imposible para Él.

Él es amor y Él derrama de Su amor sobre ti día y noche, con besos desde el cielo. Él es quien ve y conoce todo lo que tiene que ver contigo. Él es el Altísimo- nada, nadie es más alto. Él tiene todo el poder, toda autoridad, toda la soberanía. Él es quien reina sobre todas las cosas. Él es Alfa y Omega, el principio y el final. Él es el amigo que se trasnoche contigo para hablar sobre todo lo que quieras. *Búscalo* y *vincúlate* con Él.

Permíteme darte un pequeño ejemplo de vincularse con Dios: esta mañana me senté calladamente con Él. Le hablé sobre el capítulo en el que estoy trabajando y le pedí que me diera la habilidad – la gracia– para escribir la revelación que me ha dado de tal manera que trajera inspiración a todo aquel que lo lea. Él me dio la guía sobre cómo proceder y me di a la tarea, confiando en Su gracia para escribir.

El corazón de este capítulo no se trata únicamente de *conocer* a Dios, sino principalmente de *experimentarlo*. Experimentar es encontrarse, abordar, acercarse o sentir de manera personal.

> *"La vida eterna significa conocer y experimentar al único y verdadero Dios, y conocer y experimentar a Jesucristo, como el Hijo que Has sido enviado"* (Juan 17:3 Traducción La Pasión).

Tú puedes saber de Dios y sobre Dios, pero en tu ADN espiritual está *experimentarlo*. Conocerle es tener un conocimiento íntimo y experiencial al máximo nivel. Tú eres único y Dios te aborda en maneras que son personales. Él te atrapa y desea que lo experimentes. Es como un avión, una cosas es mirarlo y otra es montarse en él. No te quedas con la experiencia de otra persona en el avión- tienes tu propia experiencia en el vuelo. Puedes ver un convertible que pasa por la calle, pero experimentar manejarlo con el viento, el cielo azul y el brillo del sol es otra cosa ah!

Puede que sepas sobre una malteada, pero el sabor frío y delicioso es una experiencia única. Puedes contemplar la belleza de una rosa, pero experimentar su fragancia es incomparable. Dios está más allá de todo lo que ofrece el mundo natural. ¡Tu identidad extraordinaria experimenta a un Dios extraordinario!

Puedes saber que Dios te ama, pero esa transformación profunda, duradera e interna viene como resultado de *experimentar* el amor de Dios. Su amor no es un tema o un versículo de memoria. Dios es relacional. Él te busca; tú lo buscas a Él. Él está vivo en tu vida. Ahora mismo, di, *"¡Tú estás tan activo en mi vida! ¡Reconozco Tu presencia en mi vida cada día más!"*.

Experimentar a Dios es recibir de Él íntimamente. Incluso ahora, mientras lees este libro, la extensión de Su presencia te rodea. Incluso ahora, tus ojos espirituales se están abriendo. Deja de leer un minuto, respira y siente Su presencia. Si has estado diciendo las declaraciones de este libro, te estás posicionando profundamente en tu identidad extraordinaria y estás entrando a propósito a una mayor intimidad con Dios.

¿Cómo se ha vinculado Él contigo en las últimas veinticuatro horas? Le pregunté a una de las mujeres jóvenes que mentoreo. Me dijo que temprano en ese día había estado en una situación de mucho estrés. Justo allí, sintió al Dios de toda Consolación con ella. También me dijo que esa mañana había tenido una venta de garaje y que había vendido todo lo que esperaba vender. Ese era el Dios proveedor. El Dios del favor. El Dios de gracia. Él se muestra revelando muchas facetas de lo que es. Dios se está vinculando con nosotros de manera continua. Él se revela continuamente a Sí mismo a través de todos los atributos de Su carácter. Sólo tenemos que parar un poco y reconocerlo.

Tal vez no te vaya a gustar escuchar esto, pero algo que nos impide principalmente reconocerlo a Él es la queja. Justo como los israelitas y los diez de los doce espías, la queja nos impide obtener y vivir en lo que Él ya dijo que nos pertenece y que es nuestro. Todos ellos vieron lo mismo, pero diez de los espías vieron la Tierra Prometida desde un punto de vista terrenal- no desde el punto de vista de Dios. Lo que ellos vieron fueron obstáculos inconmensurables. Quejarse es ver nuestras circunstancias desde un punto de vista del mundo. Para ver que Dios se vincula con nosotros se requiere que veamos las cosas desde una perspectiva celestial.

Perseguir el conocimiento de Dios y experimentarlo es como una fuerza magnética (a falta de un mejor término) que nos *pega* a Su perspectiva. Conocer por experiencia lo que Él es nos permite *confiar* y *ver* desde los lugares celestiales. Vamos a cambiar completamente nuestra postura y vamos a tomar la de alguien que persigue. Es vital que crezcamos en la manera en que declaramos poderosamente las proclamaciones y lo hagamos de manera vigorosa. Los versículos que declararás en primera persona no son simplemente declaraciones poderosas sino que también son una forma de adoración. Llévalo ante Dios como proclamaciones de adoración plena. Conocer y experimentar a Dios está ligado en el corazón de conocer tu identidad.

DECLARACIONES DE POSICIONAMIENTO

CONOCER Y EXPERIMENTAR A DIOS

Jesús, anhelo continuamente conocerte y experimentarte con mayor plenitud. (Fil. 3:10)

Mi propósito firme es que conocerte. (Fil. 3:10)

Todo lo considero pérdida comparándolo con la incomparable grandeza de conocerte íntimamente a Ti. (Fil. 3:8)

Deseo una relación más profunda Contigo. (Fil. 3:8)

Te percibo y reconozco más y más. (Fil. 3:8)

Te entiendo más plena y claramente. (Fil. 3:8)

Estoy creciendo en Tu conocimiento porque Te experimento. (Fil. 3:8)

Me encuentro Contigo cada día. (Fil. 3:8)

Pienso en Ti en las vigilias de la noche. (Sal. 63:6)

No hay nadie como Tú. (Isa. 46:9)

¡Donde quiera que yo vaya, allí estás Tú! (Sal. 139:7-10)

Como dijo Job, yo digo, "de oídos te había oído, mas ahora mis ojos te **ven**" (Job 42:5)

De mañana te buscaré. Mi ser entero tiene sed de Ti. (Sal. 63:1)

Conocerte es encontrarte. (2 Cor. 3:16-18)

Recibo revelación de Tí. A través de las Escrituras, Me implantas Tus pensamientos en mi mente. (1 Cor. 2:9-12)

La única cosa de la que me puedo gloriar es esta: que te Conozco. (Jer. 9:24)

Reconozco que Tú te vinculas conmigo. (Jer. 9:24)

Yo discierno Tu carácter directamente. (Jer. 9:24)

Tú eres el Señor que practica bondad, justicia y derecho en la tierra. (Jer. 9:24)

Espero en Ti. Estoy desarrollando sensibilidad a Tu presencia y a la manera en que me inquietas sobre algo. (Sal. 25:4-5)

Muéstrame Tus caminos; enséñame Tus sendas. Guíame en Tu verdad y enséñame! (Sal. 25:4-5)

¡Espero en Ti. Cuán honroso es esperar en TI! Saco tiempo para estar Contigo a solas. (Sal. 25:5)

Te digo como Moisés, "Señor, muéstrame Tu gloria". He recibido Tus promesas, visto Tu poder, experimentado Tu presencia. ¡TE estoy buscando! ¡Estoy buscando un conocimiento más íntimo de TI! (Ex. 33:18)

Tu compasión hacia mí es tan fuerte que nunca falla. ¿Cómo no querría tenerte de regreso? (Lam. 3:22-23)

Celo santo! Y un compromiso apasionado conmigo. (Deut. 4:24)

Tú me permites hacer y completar la obra a la que me has llamado. (Zac. 4:9)

Esta es la vida eterna: conocerte, conocer al único verdadero Dios, y conocer a Jesucristo, a Quien Tú enviaste. (Juan 17:3)

Esto es percibirte, reconocerte, ¡familiarizarme Contigo y entenderte! (Juan 17:3)

> **DECLARACIONES DE POSICIONAMIENTO**
>
> - Cuando te cueste creer un versículo de posicionamiento, prácticamente has estado creyendo una mentira. Nota lo siguiente: este es un lugar de tu mente que necesita ser reajustado con la verdad de Dios. Escribe la mentira y después, escribe la verdad según la Palabra de Dios.
>
> - Puedes orar, *"Dios, perdóname por haber creído esa mentira, quebranto el acuerdo que establecí con ella. Perdóname. Sana el lugar lastimado de mi corazón en donde estaba la mentira. Llena mi corazón y mente con Tu verdad al hablar Tu Palabra. En el nombre de Jesús. Amén"*.

ACTIVACIONES EXPERIENCIALES

CONOCIENDO Y EXPERIEMENTANDO A DIOS

Primera Activación

El pasaje de Daniel 11:32 es un pasaje que nos da mucha luz. Dice *" la gente que conoce a su Dios será fuerte, y llevará a cabo grandes obras"*. Para entrar plenamente en la arena de lo sobrenatural, en las obras poderosas, necesitamos tener nuestra identidad firmemente edificada en nuestro conocimiento sobre quién es Dios. Debemos saber de qué se trata Él. Debemos conocer Su carácter y naturaleza. Empieza a posicionarte enfáticamente agresivo en Conocer y Experimentar a Dios.

Proclama los versos en la sección anterior dos veces al día. Los mejores momentos para hacerlos son como primera y última acción: al levantarte en la mañana y antes de ir a dormir. Permite que te saturen tu ser. Después de una semana de proclamar los versículos, escoge diez para proclamarlos durante los próximos treinta días.

Segunda Activación

Nos estamos poniendo más a tono con la manera en que Dios se engancha con nosotros. Engancharse significa ocupar la atención y esfuerzos de una persona. Pídele al Espíritu Santo que te muestre cómo se ha enganchado Dios contigo en las últimas veinticuatro horas. ¿Qué ves?

Tercera Activación

Piensa en la naturaleza y el carácter de Dios. Considera Sus nombres. Lee nuevamente las características de Dios que listamos al principio del capítulo. ¿Cómo has experimentado estas características de Dios durante férreas tormentas o durante triunfos en tu vida?

Cuarta Activación

Para tener una activación profunda necesitas sacar tiempo para tener una comunión de corazón a corazón con Dios. Salmos 42:2 dice, *"mi alma tiene sed de Dios, del Dios vivo. ¿A dónde puedo ir y encontrarme con Dios?"* Toma los versículos de posicionamiento y los atributos de Dios y llévalos al lugar secreto y ábrete- en corazón, alma y mente.

ENFOQUE DE ORACIÓN

EN POS DE DIOS

Oh Señor, quiero conocerte y experimentarte. Conocerte en realidad, como el Rey David y el Apóstol Pablo. Quiero conocer el poder de Tu resurrección. Escojo ser más sensible a la manera en que te enganchas conmigo diariamente. Participo contigo. Te disfruto. ¡Tú lo sabes todo sobre me- anhelo conocer todo sobre TI! ¡Te amo! Vete conmigo. ¡Ven prontamente!
Amén.

> *"Oh, Dios de mi vida, estoy perdidamente enamorado de Ti en medio del desierto. Tengo una sed profunda de amarte más, con tales antojos en mi corazón que no los puedo describir. ¡Toda mi alma te anhela, mi Dios!"* (Sal. 63:1 Traducción La Pasión)

PALABRA CELESTIAL

Querido, amo que estés en pos de mí. Me gustó mucho cuando Pablo y Silas, me buscaron en la prisión. Me gustó cuando David se levantó temprano y me buscó. Amo verte en pos de una comunión más profunda, cercana e íntima conmigo. Mírame y cae en mis ojos. Estoy en ti y tú estás en Mí. Con tus ojos puestos en Mí, me acerco mucho más a ti. El amor entre nosotros es como un fuego abrazador que las aguas no pueden apagar. Ponme como sello en tu corazón.

¡Ten presente que nada te puede separar de Mi amor!

HECHOS 16:25; SALMO 63:1; SANTIAGO 4:8;
CANTAR DE CANTARES 8:6-7; ROMANOS 8:39

"Clama a Mí, y yo te responderé y te enseñaré cosas grandes y ocultas que Tú no conoces (que no distingues o reconocer, de las que no tienes conocimiento y entendimiento)"

JEREMIAS 33:3 BIBLIA AMPLIFICADA.

9

Recibiendo Imágenes de Dios
Dios Invade Tu Mundo

Imagen: una representación visual de una persona, objeto o escena. Una imagen mental, producida.

La habitación a mi alrededor desapareció. Una imagen vívida del Atlas mitológico cargando al mundo en sus hombros llenó mi mente. Yo miraba atentamente el peso enorme que este hombre llevaba por sí solo. Miraba con asombro al tiempo que sentía que un peso enorme me era quitado de *mi* cuerpo. No tenía ni idea del peso que había estado llevando hasta que se había ido. Un amor tremendo y un gozo enorme me inundaron. ¿Qué me estaba pasando? ¡Me sentía fantástica! ¡Como una persona nueva! Esto me pasó el día que invité a Jesús a mi corazón. Tenía once años.

Mi entendimiento de la imagen del Atlas que Dios me había dado creció al madurar mi relación con Jesús. El Atlas *me* representaba-cargando el peso del mundo. El mundo representa la esfera del pecado que la persona carga, sin haber recibido la gracia salvadora de Jesús que está disponible para todos. Quitar el mundo de los hombros de Atlas habla de la redención de Dios y de la magnitud del amor de Dios. Jesús vino a redimir Su creación y a liberarnos del yugo de un mundo caído. En el momento en que yo le pedí perdón a Jesús por mis pecados y le di gracias por morir en la cruz y venir a mi corazón, Su amor y gozo me deslumbraron. Esa imagen me siguió ministrando por muchos años.

Una de las maneras en las que Dios nos habla es dándonos imágenes. Algunas veces también recibimos su revelación inmediata. Algunas veces la revelación viene con el paso del tiempo. Algunas veces la imagen es muy fugaz, mientras que otras veces la imagen puede ser más duradera. Por ejemplo, mi esposo perdió la tarjeta de propiedad de un carro que él quería vender. Buscó por todos lados y no pudo encontrarla. Finalmente, él oró y la pidió a Dios que le mostrara dónde estaba. Recibió una imagen fugaz de su documento y de dónde estaba esta. Con certeza, fue a buscarlo, lo encontró y vendió el carro.

Dios nos muestra "cosas grandes y ocultas" que no conocemos. Ya sea que hable en un susurro o a través de una imagen fugaz, nos está enseñando a ser más sensibles a Su guía. Te podría dar muchos ejemplos en los que no seguí esas impresiones del cielo. Y te podría dar muchos ejemplos de veces en que sí lo hice. También te podría contar de muchas ocasiones en que le pregunté a Dios sobre algo y no recibí ninguna imagen en absoluto. El punto es crecer en una amistad íntima con Él al punto de ser más familiar a Su voz y a Sus caminos. En Jeremías 33:3, Dios nos dice que le clamemos y que Él nos enseñará grandes cosas que no sabemos. Él nos mostrará aquellas cosas que no veríamos o conoceríamos de no ser por Él.

Cuando te conviertes, renuevas tu mente a propósito, ¿cierto? ¿Qué contiene tu mente renovada? Pensamientos e imágenes. Renovar tu mente incluye renovar las imágenes también. Algunos creen erróneamente que la imaginación es mala y que no se puede confiar en las imágenes. Este es otra de las áreas que el diablo se ha empeñado en reforzar para robársela al cuerpo de Cristo. Como se enseña en el libro *The Real You*, tu mente es un gran campo de batalla. Satanás quiere controlarla. La guerra no es sólo por tus pensamientos, sino también por las *imágenes* que tienen lugar en tu mente. El lugar en donde se plantan estas imágenes le pertenece a Dios. La Biblia nos enseña que llevemos cautiva toda imaginación vana. ¿Por qué? para que los pensamientos incorrectos y las *imágenes* sean demolidas, y que ese mismo lugar- tu mente- sea llena de pensamientos e imágenes de Dios.

Cuando oro por alguien, me posiciono en un lugar de expectativa. Espero que Dios me responda y muchas veces Él me muestra una imagen. Generalmente, la imagen viene acompañada por una palabra de conocimiento. Por ejemplo, la semana pasada oré por un hombre que estaba batallando contra el cáncer. Sentí fuertemente que Dios lo estaba atrayendo hacía Él y vi un imán, al cual el Espíritu Santo llamó el imán del amor. Recibí tanto una palabra de conocimiento como una imagen. Permíteme añadir que algunas veces recibo una imagen y no sé qué significa. En este caso, no sabía qué significaba la imagen. Pero con frecuencia, la persona por la que estoy orando sabe exactamente cuál es el significado. El hombre entendió qué quería decir el imán del amor y esto le ministró grandemente.

Todo cristiano puede recibir imágenes de parte de Dios y voy a ser lo suficientemente valiente para decir que *recibe* imágenes de parte de Dios. El propósito de estas imágenes es tener una mayor claridad sobre temas que están en el corazón de Dios. Las imágenes te animan, te dan esperanza y te guían hacia el camino adecuado. Con mayor claridad, podemos estar más atentos y cooperar con los propósitos de Dios. El Espíritu Santo es el Mayor Revelador y Él nos revelas cosas a través de pensamientos e imágenes. Los *dones* del Espíritu Santo se manifiestan con frecuencia en nosotros también en forma de pensamientos e imágenes. La revelación a través de imágenes permea los dones del Espíritu.

Cuando tú recibes una imagen o tienes una visión, el ámbito celestial se abre para ti. He aquí un gran ejemplo del mundo celestial abriéndose y revelando las intenciones y propósitos de Dios. En 2 Reyes 6:15-17, el ámbito celestial se abrió ante el siervo de Elías. El siervo estaba temeroso cuando vio al ejército enemigo con caballos y carrozas que lo rodeaban a Elías y a él. Elías le dijo a su siervo que no tuviera temor y oró para que Dios abriera los ojos de su siervo para ver en los ámbitos celestiales. El Señor abrió los ojos de su siervo y él vio los montes llenos del ejército de Dios.

En el segundo capítulo de Hechos, Pedro cita al profeta Joel, dando una palabra profética que describe el gran derramamiento del Espíritu Santo. Pedro dijo que Dios está derramando Su Espíritu Santo con sueños y visiones y con impresiones proféticas sobre Su pueblo.

> *Y en los postreros días, dice Dios,*
> *Derramaré de mi Espíritu sobre toda carne,*
> *Y vuestros hijos y vuestras hijas profetizarán;*
> *Vuestros jóvenes verán visiones, y vuestros ancianos soñarán*
> *sueños; y de cierto sobre mis siervos y sobre mis siervas en aquellos*
> *días derramaré de mi Espíritu y profetizarán.* (Hechos 2:17-18)

A través de la Biblia vemos que Dios confirió a Su pueblo imágenes y sueños. En Hechos 10:11-12, Pedro tuvo una visión que abrió el camino para que el evangelio fuera dado a los Gentiles. En Hechos 9:10, el Señor llamó a Ananías en una visión. Todo el libro del Apocalipsis está lleno de imágenes y visiones.

Antes de posicionarnos, vamos a orar para que tu mente sea consagrada al Señor. Consagrar significa que declaras que tu mente es sagrada, separada y dedicada a servirle a Él. Luego, cree simplemente que Dios está interactuando contigo. Pregunta qué significa. Ve incluso a la Palabra e indaga. Estudia las referencias bíblicas sobre lo que Dios te ha mostrado. Adicionalmente, reconocerás la paz del Espíritu Santo. Él te guía con Su paz. A este punto, quiero aclarar que no estoy hablando de conjurar imágenes o de intentar forzar a Dios para moverse a partir de pensar en imágenes de algo una y otra vez en tu mente. Dios tiene iniciativa sobre las imágenes que Él te da.

Ora: *Señor Dios, consagro mi mente para Ti. Mi mente es sagrada y apartada para Ti. Dedico mi mente para servirte. Oro la oración de Jeremías 33:3, pidiéndote que me muestres cosas grandes y poderosas que no podría saber de otra forma. ¡Quiero ver a través de Tus ojos! Tú eres el Revelador. Ahora activo mi sentido espiritual de la vista. Enséñame a conectarme contigo a través de mis sentidos espirituales. Me posiciono intencionalmente desde mi identidad extraordinaria. En el nombre de Jesús, Amén.*

Después de que hayas pedido por una mente santificada y clara confía en lo primero (¡primero!) que Dios te muestre. Puede que no tenga mucho sentido para ti. Puede que incluso se vea oscuro o que pienses que vino de ti. ¡Recuerda, Él te muestra cosas que no sabrías de otra forma! Así que con frecuencia, no tiene mucho sentido. Considera la visión de Pedro de los animales puros e impuros. No tenía mucho sentido al principio. Toma lo que Él te muestre y como Pedro, pregúntale a Dios al respecto.

La manera en que nos posicionamos será un poco diferente en este capítulo. Justo como Eliseo, le pediremos al Señor que abra nuestros ojos y nos de imágenes que Él quiere que veamos. Nos posicionaremos en versículos donde Dios les mostró cosas a personajes bíblicos y luego en la forma en que Dios nos revela Sus planes y propósitos a nosotros. Recuerda, Dios incluso abrió los ojos de un burro para que viera en el ámbito espiritual (Núm.22:21-34). Las verdades de posicionamiento que Dios le habla a Su pueblo acompañadas con imágenes y visiones y sueños te animarán para desear estar listo en tu espíritu para que Dios deposite imágenes allí. Co-laborar con Dios es una parte integral de la aventura maravillosa y divertida en la que estamos con Dios!

DECLARACIONES DE POSICIONAMIENTO

RECIBIENDO IMÁGENES DE PARTE DE DIOS

Dios *revela* aquello que ojo no vio ni oído oyó y aquello que no ha subido al corazón del hombre. (1 Cor. 2:9-10)

Dios me devela y revela tales cosas. (1 Cor. 2:9-10)

Espíritu Santo, Tú me revelas las profundas revelaciones de Dios. (1 Cor. 2:9-10)

Tú me muestras cosas que están oculta y que están más allá del escrutinio humano. (1 Cor. 2:10)

He recibido al Espíritu Santo para darme cuenta, comprender y apreciar los dones que Dios me he dado. (1 Cor. 2:11)

Le doy la bienvenida a las revelaciones del Espíritu de Dios a mi corazón. Como soy un ser espiritual, examino, investigo, indago y discierno todas las cosas. (1 Cor. 2:14-15)

Tengo la mente de Cristo y llevo en mí los pensamientos- sentimientos y propósitos de Su corazón. ¡Señor, enséñame más acerca de tener la mente de Cristo! (1 Cor. 2:16)

Los ojos de mi entendimiento están siendo alumbrados. ¡Declaro que los ojos de mi entendimiento se abren! (Efe. 1:18)

El Espíritu Santo vive en mí y conmigo, y Él me enseña todas las cosas. Él toma lo que es de Dios y me lo revela. (Juan 14:26)

Derribo toda vana imaginación que no viene del cielo. Señor, pongo en mi mente imágenes inspiradas por el cielo. ¡Mente, llénate con los propósitos de Dios! (2 Cor. 10:4-5)

Te pido que me muestres cosas insondables que no podría saber de otra manera. En la Biblia, Tú les has dado imágenes a tus siervos. Y me las das a mí. ¡Señor, permíteme recordarte las grandes cosas que nos has mostrado! (Jer. 33:3)

¡Tú mostraste una nube en el día y una columna de fuego en la noche! (Ex. 13:21)

¡Para los israelitas, la gloria del Señor se veía como fuego consumidor! (Ex. 24:17)

Gedeón supo a través de un sueño, que prevalecería sobre su enemigo! (Jueces 7:15)

¡En Pentecostés, Tú nos mostraste lenguas de fuego! (Hechos 2:3)

¡Tú le mostraste a Esteban la gloria de Dios y a Jesús parado a Su diestra! (Hechos 7:55)

¡Tú le mostraste a Pedro un lienzo que descendía del cielo y que contenía animales impuros! (Hechos 10:11-12)

Tú abriste los ojos de Tus siervos en el camino a Emaús. (Lucas 24:31)

Tú derramas de Tu Espíritu sobre toda carne. Tus hijos y tus hijas profetizan, los jóvenes ven visiones, los ancianos sueñan sueños. (Hechos 2:17)

Deseo profundamente y cultivo los dones espirituales- los dones del Espíritu, especialmente el que pueda profetizar, interpretar la voluntad y el propósito divino en una predicación y enseñanza inspiradas. (1 Cor. 14:1)

Tú mostrarás maravillas en los cielos y señales en la tierra. (Hechos 2:18)

En la mañana presento mis peticiones delante de Ti y espero con expectativa. Tengo la expectativa de que me mostrarás cosas. Anticipo Tu fidelidad. (Sal. 5:3)

DECLARACIONES DE POSICIONAMIENTO

- Cuando te cueste creer un versículo de posicionamiento, prácticamente has estado creyendo una mentira. Nota lo siguiente: este es un lugar de tu mente que necesita ser reajustado con la verdad de Dios. Escribe la mentira y después, escribe la verdad según la Palabra de Dios.

- Puedes orar, *"Dios, perdóname por haber creído esa mentira, quebranto el acuerdo que establecí con ella. Perdóname. Sana el lugar lastimado de mi corazón en donde estaba la mentira. Llena mi corazón y mente con Tu verdad al hablar Tu Palabra. En el nombre de Jesús. Amén"*.

ACTIVACIONES EXPERIENCIALES

IMÁGENES DE PARTE DE DIOS

Primera Activación

Proclama los versículos de las Imágenes de parte de Dios dos veces al día por siete días. Empieza y termina tu día con los versículos personalizados. Luego, escoge diez para incluirlos en tu lista de posicionamiento de treinta días. Si por alguna razón, no has estado declarando los versículos, empieza ahora. No te des duro. Respira y empieza con esos versículos.

Segunda Activación

Lee 2 Reyes 6:8-14. Dios le permitió de manera sobrenatural a Eliseo saber que lo que el rey de Aram planeaba en lo más recóndito de su habitación. Eliseo *escuchó* lo que se estaba hablando. Tal vez incluso *vio* lo que sucedía en el recinto del rey. No sabemos cuántos de los sentidos espirituales de Eliseo estaban discerniendo en el ámbito espiritual durante este evento.

Lee los versículos 15-17. Eliseo podía ver en el ámbito espiritual. Dios reveló que el monte estaba lleno de caballos y carrozas de fuego. Nosotros sabemos que Eliseo no estaba asustado, porque le dijo su siervo que no temiera. Cuando tus sentidos espirituales están abiertos y tú ves desde la perspectiva de Dios, experimentarás cambios en tu interior. El miedo se va. La ansiedad se va. Las estructuras de pensamiento limitantes se van.

Eliseo oró para que los ojos de su siervo fueran abiertos al ámbito del Espíritu y sus ojos fueron abiertos. Ahora es tu turno. Pídele al Señor que abra tus ojos. Simplemente pídelo. Así como le pediste a Dios que te salvara y te llenara con el Espíritu Santo. El cómo, dónde, qué, por qué y cuándo le corresponden a Dios. Puede que sea ahora o que sea después. Lo que tú estás haciendo es diciendo "¡SÍ!" para que Dios abra tus ojos.

Ora: *Padre así como Eliseo oró para que los ojos de su siervo fueran abiertos, te pido que abras mis ojos para que yo pueda ver en el ámbito del Espíritu. Quiero ver lo que Tú estás haciendo y ver las cosas desde Tu perspectiva para que pueda llegar un nivel de mayor revelación. Tú me dijiste que fijara mis ojos en lo que no se ve. Ahora lo hago. Rindo mis ojos ante Ti ahora. Abre mis ojos espirituales ante el ámbito de lo que no se ve. De acuerdo con Tus propósitos y Tus planes para mí, te pido por todo aquello que tienes para mí- incluyendo más visiones, más sueños, más revelaciones y más encuentros sobrenaturales Contigo. Oro en el Nombre del Señor Jesucristo. Amén.*

Tercera Activación

Practica el "ver con Dios". Durante tus tiempos de oración, pídele que te de claridad sobre algo que ha estado en tu corazón. Al sentarte calladamente en Su presencia, espera y observa. Cuando Él te impresione con una imagen, escríbela.

Pídele al Señor que te revele lo que significa la imagen. Puede que Él te lo diga inmediatamente, o puede que Él quiera que insistas en pedirle mayor entendimiento. Algunas veces yo simplemente "sé" lo que significa la imagen. Otras veces, mi entendimiento de la imagen se deja ver con el tiempo. Ve a la Biblia y mira todas las referencias que hablen de la imagen. Mantente atento de las confirmaciones. Una confirmación se puede encontrar en cualquier cosa: una valla, una canción, un atardecer, una película (¡Sí, Él me ha hablado a través de películas tanto que tomo apuntes en medio de la oscuridad!) o en lo que puede ser visto como conversaciones sin mayor trascendencia. Observa.

Cuarta Activación

Tu vista espiritual es uno de tus sentidos espirituales. Activa todos tus sentidos espirituales no solamente para ver, sino también para escuchar, sentir, oler y probar. La traducción la Pasión de Hebreos 5:14 dice *"pero el alimento sólido es para los maduros, cuyos sentidos espirituales perciben los asuntos celestiales"*

Yo enseño mucho sobre Romanos 12:2, pero este versículo está precedido por Romanos 12:1- un versículo crucial sobre presentar todo nuestro ser como un sacrificio vivo a Dios. La Biblia en versión Amplificada dice *"dedicar sus cuerpos de manera decisiva (presentando todos sus miembros y facultades) como un sacrificio vivo, santo (devoto, consagrado) y placentero a Dios, lo cual es su servicio con sentido (racional, inteligente) y su adoración espiritual"*. Yo asumo que esto implica a *todos* tus sentidos.

Ora: *Padre, activo todos mis sentidos espirituales. ¡Quiero vincularme plenamente contigo! Activa todos mis sentidos espirituales no solamente para ver, sino también para escuchar, sentir, oler y probar. Me ofrezco todo a Ti como un sacrificio vivo, santo y agradable para Ti- lo cual es mi adoración espiritual. Amén.*

Quinta Activación

Lee 1 Corintios 2:10-16 y Juan 16:13-15 en algunas traducciones. El Espíritu Santo nos guía, nos habla y nos revela las cosas. Revelar significa dar a conocer algo que anteriormente era un secreto o que no se conocía. Es traer algo que era secreto y abrirlo. El Espíritu Santo da a conocer las cosas que no son conocidas o que son ocultas, y al hacerlo nos ayuda a navegar a través de las aguas desafiantes. Él es un revelador de secretos divinos. Piensa en una situación específica en la que necesites que Dios te guíe. Pídele que te revele las cosas secretas de esta situación.

ENFOQUE DE ORACIÓN

VIENDO DESDE LOS ÁMBITOS ESPIRITUALES

Querido Señor, hay un lugar en mí en donde Tú me hablas través de imágenes. Consagro mi imaginación para Tu Reino. Abre mi visión espiritual para que pueda discernir aquello que no puedo ver con mis ojos físicos. Te pido revelación y también te pido sabiduría. Tú abriste los ojos del siervo de Eliseo para ver el ámbito espiritual que lo rodeaba. Me posiciono para ver aquello que Tú quieres que yo vea. Me posiciono para estar más a tono con Tu dimensión sobrenatural. ¡Abre los ojos de mi corazón!
Amén.

PALABRA CELESTIAL

Amado, te llamo amigo, porque es a mis amigos a los que les revelo mis secretos. Tú has escuchado que mi pueblo pereció por falta de conocimiento. Has escuchado que sin visión, perece mi pueblo. Para ser parte de Mis planes y propósitos debes tener revelación. Una imaginación santificada responde a Mí Espíritu. Pasa tiempo conmigo. Pídeme. Yo derramo de Mi Espíritu sobre toda carne. Profetizarás; verás visiones; soñarás sueños. Te mostraré cosas grandes y ocultas que no podrías saber de otra manera.

JUAN 15:15; OSEAS 4:6; PROVERBIOS 29:18
HECHOS 2:17; JEREMÍAS 33:3

"David se angustió mucho, porque el pueblo hablaba de apedrearlo, pues todo el pueblo estaba en amargura de alma, cada uno por sus hijos y por sus hijas; mas David se fortaleció en Jehová su Dios"

1 SAMUEL 30:6

10

Anímate en El Señor

Animarte a Ti mismo es Fortalecerte

Animar: ser fuerte, valiente, fortalecido, establecido, firme, poderoso.

Hace ya varios años, mi esposo y yo nos declaramos en bancarrota. Nuestra unidad de práctica médica tenía una calefacción-aire acondicionado que casi ni funcionaba y que había sido ignorada de manera negligente por el administrador del lugar. Los pacientes que venían a sentarse un par de horas con un estado IV no querían venir a pasar por situaciones tan adversas. Tuvimos que cerrar. Mientras nos preparábamos para declarar nuestra quiebra el desánimo nos asaltó. Allí estaba yo- una líder de ministerio, que hablaba en iglesias y conferencias- de cara a la bancarrota. ¿Cómo podía pasar esto cuando me había dedicado devotamente a servirle al Señor? Me sentía avergonzada, vencida y sin una pizca de ánimo. Busqué consuelo y ánimo en otros líderes. Pero sorprendentemente, algunos respondieron de manera crítica, mirándome como si mis decisiones o comportamientos hubieran causado el problema. Así que me abstuve de confiar en mis pares. Por muchos días no tuve a nadie a quien llamar, a nadie a que me dijera que todo iba a estar bien. Era solamente yo y Dios. Y en una de esas ocasiones, se me prendió el bombillo. ¿Acaso el Rey David no pasó por una situación similar?

David y sus hombres acababan de regresar de Siclag para encontrarse con su cuidad quemada y con todas sus esposas y sus niños raptados. Después de llorar hasta más no poder, los hombres de David empezaron a hablar de asesinarlo. David estaba yéndose por la alcantarilla de manera metafórica, sin nada- sin su reputación, sin su voluntad, sin compañía cercana con quien podría pelear hombro a hombro. Podría haberse rendido y sucumbido ante la noción de que todo estaba perdido, incluyendo su vida- pero no lo hizo. Al contrario, se *animó* a sí mismo en el Señor. ¿Qué, qué? ¿Cómo lo hizo? ¡Estaba en un lodazal sin salida!

Con su espalda en la pared y la muerte en su cara, una charlita con palabras persuasivas de sabiduría terrenal no iba a servirle de nada. David escogió la salida a la manera de Dios. David se animó a sí mismo *en el Señor.* Y al hacerlo, se *fortaleció* a sí mismo en el Señor.

La raíz de la palabra valentía es "asirse a". ¿Cómo fue que David se asió a sí mismo del Señor? ¿Qué fue lo que hizo? Creo firmemente que él se habló a sí mismo sobre toda la grandeza y la bondad de Dios. Él no estaba simplemente hablando palabras terrenales de ánimo. Se estaba parando en el mundo de Dios y en el camino del aliento mismo de Dios, en donde el verdadero ánimo puede transformar a una persona. Él recordó todos los milagros que había visto hacer a Dios, todas las promesas que Dios le había hablado y todas las horas de intimidad que él había pasado con el Señor Dios. Tal vez haya incluso cogido uno de sus propios poemas para proclamarlo en voz alta. Se "asió" a sí mismo del Señor hasta que fue fuerte y valiente nuevamente.

> *"¿No te he mandado acaso? que te esfuerces y seas valiente; no temas, ni desmayes, porque el Señor tu Dios está contigo donde quiera que vayas"* (Josué 1:9 Versión NKJ)

Cuando Josué estaba a punto de entrar a la Tierra Prometida, el Señor le dijo que meditara continuamente en Su palabra, pero también le pidió que hablara la Palabra. ¡Justo lo que estamos haciendo en este curso! Luego, el Señor le dijo que no temiera sino que fuera valiente y esforzado.

En Josué 1:9 "esfuérzate" es la misma palabra hebrea usada en 1 Samuel 30:6 donde David se animó a sí mismo. Cuando él se animó a sí mismo, se hizo fuerte literalmente en el Señor. Cuando tú te animas a ti mismo, tú te fortaleces. Es por esto que es vital que te *animes* a ti mismo de manera proactiva. No pases esto por alto. Tú tienes que decidir hacer este cambio interno ahora. Tu travesía secreta cambiará dramáticamente y será incluso acelerada con un constante ánimo. Para vencer las pruebas y tribulaciones devastadoras, tu supervivencia depende de tu posicionamiento de auto-animarse.

Cada uno de nosotros puede pasar por temporadas difíciles. Tal vez estás pasando por una hora mismo. Tenemos dos opciones: rendirnos o hacernos más fuertes. Donde no hay para donde voltear y la dificultad parece estar venciéndote, ¿cómo te animas a ti mismo? Le hice esta pregunta a un grupo de mujeres y sin dudar, una de ella dijo, "¡Yo no lo hago!" Y me parece que esta frase es cierta para la mayoría de nosotros: rara vez pensamos en animarnos a *nosotros mismos*. Todo esto va a cambiar hoy. Te vas a parar en el camino del aliento de Dios y vas a sentir Sus palabras de ánimo surgiendo a través de ti.

De acuerdo con el Nuevo Testamento, la profecía es hablar de la mente y el consejo de Dios. Cuando profetizamos, no siempre es de manera futurista, pero generalmente es una declaración de algo que no es conocido de manera natural. Estamos hablando no desde un punto de vista terrenal- sino desde el punto de vista de Dios. Cuando le hablamos proféticamente a alguien, estamos fortaleciéndole, animándole y consolándole con la verdad de Dios (1 Cor. 14:3). Asimismo, podemos hacer de igual forma con nosotros mismos. Yo siento que me estoy "profetizando" a mí misma cuando hablo la palabra de Dios sobre mí. ¡Estoy siendo fortalecida y animada!

La manera en que usaremos la sección de "Anímate A Ti Mismo" será un poco diferente. Para esta sección, te hablarás directamente a ti mismo. No hablarás sobre ti. Sino que te hablarás a ti mismo. Párate frente al espejo, mírate a los ojos y en voz alta declara los versículos. Así es. El Espíritu Santo, el espejo y tú. Sintonízate en la manera en que el Espíritu Santo activa estas verdades en lo profundo de tu ser al hablarlas. Si tu voz empieza tan débil como la de un gatito no te retraigas. Tienes que empezar por algún lado. Tal vez no creas todo lo que vas a decir. Asegúrate de revisar esas mentiras detrás de lo que no crees y de romper todo acuerdo con ellas. Después de algunos días frente al espejo, camina por tu casa y háblate a ti mismo. Luego vuelve al espejo. Esto implica disciplina y perseverancia. Pero muchas veces, para la mayoría de nosotros, ésta es la diferencia entre la vida y la muerte. Así como David, tú tienes un enemigo que quiere hacerte a un lado. Animarte a ti mismo es la manera de vivir con fortaleza verdaderamente. ¡Manos a la obra!

DECLARACIONES DE POSICIONAMIENTO

ANÍMATE A TI MISMO EN EL SEÑOR

!Vas a lograrlo! (Apo. 12:11)

¡Cumplirás todo aquello que Dios te ha llamado a hacer! (Fil. 1:6)

¡Profetizo sobre ti- eres fuerte y valiente! (Jos. 1:9)

¡Tú tienes vida de resurrección en ti! (Efe. 3:20)

¡El poder del Espíritu Santo vive en ti! (Ef. 3:20)

¡Le ordeno a tus ojos espirituales que se abran a una mayor revelación! (Ef. 1:18)

¡Llamo a los dones de Dios que hay en ti! (Mat. 25:14-30)

¡Le hablo a tu espíritu y le digo, "levántate! ¡Párate firme! (Ef. 6:10)

¡Le ordeno al gigante durmiente en tu interior que se levante! (Ef. 5:14)

Novia (o) guerrera (o), levántate (Isa. 60:1)

Le hablo a todo tu ser, Dios está llamando, diciendo, "levántate" (Ef. 5:14)

¡Dios puede hacer CUALQUIER COSA! ¡Y Él puede hacer CUALQUIER COSA a través de TI! (Fil. 4:13)

¡No te dejes guiar por lo que ves! ¡No te dejes llevar por las circunstancias! ¡Ni por los sentimientos! (2 Cor. 5:7)

¡Todo el cielo te respalda! (Mat. 28:18)

¡El Dios todo poderoso va delante de ti y te abre camino! (Sal. 5:8)

¡Camina hacia un mundo de visión, color y sonido!

Introdúcete en el ámbito espiritual! ¡Tú eres un ser sobrenatural! (2 Cor. 5:17)

¡Ahora mismo, rompo toda tarea demoniaca en tu contra! (Mat. 28:18)

¡Rompo todo pensamiento insensato, en el nombre de Jesús! (Mat. 28:18)

Rompo el odio en contra de ti mismo, en el nombre de Jesús (Mat. 28:18)

¡Quebranto la tarea del destructor, en el nombre de Jesús! (Mat. 28:18)

¡Tú tienes una mente tranquila! Dios no te ha dado espíritu de temor, sino de poder, ¡amor y de dominio propio! (1 Tim. 1:7)

¡Superarás tu pasado! (2 Cor. 5:17b)

¡Tienes un futuro! ¡Para ti hay esperanza! Tienes esperanza y futuro! (Jer. 29:11)

¡Tú tienes autoridad que te ha sido dada por Jesús! (Lucas 10:19)

Profetizo que a través de tu vida, llegarán multitudes al Reino de Dios! (Hechos 1:8)

Todo lugar que pisa la planta de tus pies, ¡TE PERTENCE! (Jos. 1:8)

¡Tú transformas la atmósfera! (2 Cor. 2:15)

¡A través de Cristo en ti, tú dominas la atmósfera espiritual a tu alrededor! (Col. 3:27)

¡Supérate! ¡Tú eres más que vencedor! (1 Juan 4:4)

¡No renunciarás! ¡No te rendirás! (Rom. 12:21)

Mira tu situación y di, "SOY MÁS QUE VENCEDOR" (1 Juan 4:4)

¡Tú ya tienes la victoria! ¡Antes de que se manifieste, ya tienes la victoria! (1 Juan 4:4)

Levántate! Satanás es un mentiroso, un ladrón y un acusador.
¡Pero más grande! ¡Más grande! ¡Más grande es Aquel que vive en ti! (1 Juan 4:4)

Escúchame: ¡Dios puede cambiar cualquier cosa! (Mat. 19:26)

¡Declaro salud completa sobre ti! (1 Pedro 2:24)

¡Sistema inmunológico, te ordeno que seas fuerte! (1 Pedro 2:24)

¡Profetizo que eres un más que vencedor! (1 Juan 4:4)

¡La fortaleza del cielo fluye a través de ti! (2 Cor. 12:9)

¡Prevalecerás y ganarás! (1 Juan 5:4)

Le ordeno a la esperanza que crezca en ti. ¡Confianza, levántate! ¡Valentía- levántate! (Heb. 4:16)

Le hablo a todo tu ser; eres amadísimo por Dios. (Juan 3:16)

¡Eres amado de manera extravagante con un amor eterno! (Jer. 31:3)

¡Vive fuertemente! ¡Párate firme! (Jos. 1:9)

¡Vas a superarlo! (Rom. 8:31-32)

DECLARACIONES DE POSICIONAMIENTO

- Cuando te cueste creer un versículo de posicionamiento, prácticamente has estado creyendo una mentira. Nota lo siguiente: este es un lugar de tu mente que necesita ser reajustado con la verdad de Dios. Escribe la mentira y después, escribe la verdad según la Palabra de Dios.

- Puedes orar, *"Dios, perdóname por haber creído esa mentira, quebranto el acuerdo que establecí con ella. Perdóname. Sana el lugar lastimado de mi corazón en donde estaba la mentira. Llena mi corazón y mente con Tu verdad al hablar Tu Palabra. En el nombre de Jesús. Amén".*

ACTIVACIONES EXPERIENCIALES

ANIMÁNTODE A TI MISMO

Primera Activación

Para transformar la manera en que nos hablamos a nosotros mismo, debemos reemplazar las palabras de auto-limitación y de desánimo y sustituirlas por palabras bíblicas de ánimo. Esto demanda ponerse en *acción*. Allí está lo bonito de esta activación. Ahora tienes una buena herramienta en tus manos para fortalecerte y para ser animado constantemente. Declara los versículos dos veces al día. Empieza haciéndolo frente al espejo. Si es necesario, señálate con el dedo para enfatizar que te estás hablando a ti mismo. Luego, después de unos días, camina y habla. Hazlo durante una semana. Lleva a cabo esta actividad al levantarte y antes de ir a la cama.

Escoge diez versículos que seguirás declarando durante los siguientes treinta días. Para el final del curso, tendrás un total de 100 versículos. Parecen muchos, pero sólo te tomará como diez minutos. No te estreses. El Señor le dijo a Josué que pensara y hablara la palabra de día y de noche. Tú puedes hacerlo. Entre más lo hagas, más fuerte serás. Yo generalmente llevo conmigo los versículos al salir a caminar en la mañana y luego los meto en el carro para que estén a la mano en el transcurso del día.

Pasados treinta días, puedes cambiar los versículos. Así es, renovar tu mente es una cuestión de toda la vida. Recuerda que renovar tu mente *te transforma*. Pero *tú* eres el que hace la tarea de renovarla. Es algo que *tú* debes hacer.

Segunda Activación

Hazle al Espíritu Santo la siguiente pregunta importante: *"Espíritu Santo, ¿qué palabras debo decirme a mí mismo? ¿Qué debo escuchar?"* cuando doy talleres sobre identidad, le pido a los asistentes que le pregunten esto al Espíritu Santo. Una y otra vez, veo que las personas saben qué deben y necesitan escuchar. Tendrá que ver con algo positivo y que te anime pero que tal vez te cuesta decírtelo a ti mismo. Puedes que sea por ejemplo, *"eres hermosa. Digna de ser amada. Eres inteligente. La vida vale la pena vivirla. Tú tienes dones celestiales que puedes compartir con el mundo"* Mira en lo profundo de los ojos que se reflejan en el espejo (los tuyos) y declara estas verdades inspiradas por el Espíritu Santo.

Tercera Activación

Detente un momento y piensa en una situación difícil con la que estés lidiando actualmente. Pregúntale al Espíritu Santo qué podrías decirte a ti mismo para animarte. Pregúntale cuál versículo apoya dicha afirmación. Escribe el versículo y decláratelo ahora mismo. ¿Qué sucede en tu interior? ¿Hay algún otro versículo? ¡Haz lo mismo! ¿Te está sanando Dios el corazón? Disfrútalo! Saca tu Biblia y busca versículos que se relacionen con aquello por lo que estás atravesando.

Cuarta Activación

Cuando te animas a ti mismo al alinearte con cada Palabra que procede de la boca de Dios, te fortaleces. Lee Lucas 4:1-4. ¿Cómo hizo Jesús para enfrentar semejante tentación? ¿Crees que podríamos ver este pasaje como una manera en que Jesús se animó a sí mismo para fortalecerse?

ENFOQUE DE ORACIÓN

ANIMÁNDOME A MI MISMO

Querido Señor, Tú me has dicho que fui planeado, soy aceptado y querido. Me has creado para vencer. Me has perdonado. Me amas. Soy muy valioso. Soy una nueva creación con una nueva identidad. ¡Una identidad extraordinaria! Hoy, escojo animarme a mí mismo con Tu Palabra. Tú le hablas a mi corazón y me dices cosas maravillosas. No quiero negar Tu Palabra diciéndome cosas negativas y que me desanimen. ¡Perdón por las cosas negativas que me he dicho para desanimarme! El desánimo no existe en el cielo. En el cielo no existe el espíritu crítico. Al decidir animarme, soy fortalecido. Declaro a propósito palabras de ánimo que vienen de lo alto.

Amén.

PALABRA CELESTIAL

¡Amado, Yo te doy un futuro y una esperanza! ¡Así es! ¡Tú tienes un futuro! No vivas con temor y preocupación. Tu futuro está en Mis manos. Confía en Mí- incluso cuando el resultado no sea lo que tú pensabas. Confía sabiendo que Yo sé cosas que tú no. Al buscarme, el Espíritu Santo te revelará cosas profundas que están en Mi corazón. Yo he sembrado esperanza en ti. Búscame de todo corazón. Me encontrarás. Me gozo mucho en ti. Me gozo en ti con cánticos. Danzo a tu alrededor. Siempre estoy animándote, restaurándote y abrazándote. Vincúlate conmigo y cree en Mi Palabra. Ponte de acuerdo conmigo con relación a lo que eres. ¡Habla Mi Palabra! Mi Palabra es como un martillo que rompe una roca en pedazos. ¡Mi Palabra es lámpara a tus pies y lumbrera a tu camino!

JEREMÍAS 29:11-14; SOFONÍAS 3:17;
LUCAS 4:4; JEREMÍAS 23:29, SALMO 119:105

ACERCA DE LINDA

El Ministerio de Linda Breitman está ubicado en San Diego, California y es reconocido nacionalmente por estar involucrado en grupos de mujeres y grupos de estudio Bíblico basados en la fe. Ha sido invitada como oradora a conferencias como AGlow, International Women's ministries, Jubilee Conferences y como invitada especial en medios de comunicación como Christian Broadcast News, Igniting a Nation, Money Talk with Melanie, The Hard Question with Blanquita Cullum entre otros programas de radio y televisión.

Linda es la autora de los cursos de Tu Verdadera Identidad y ha difundido las Escuelas de Entrenamiento en Intercesión Profética y los seminarios de activación de Mujeres Peligrosas.

Linda también ha viajado a países de Centro y Suramérica (Costa Rica, República Dominicana y Colombia) para realizar labor misionera, orando y ministrando a muchos.

Es anfitriona de podcast semanales en donde intervienen autores, líderes y oradores de la comunidad de la iglesia; líderes que se levantan en contra del abuso infantil, sexual y que buscan terminar con la mendicidad adolescente; aborda temas para buscarle empleo a las esposas de los militares y habla de temas que tocan profundamente a nuestra sociedad. Para escuchar el podcast más reciente de Linda por favor visita: www.lindabreitman.com

Para mayor información sobre Linda Breitman, visita:
www.lindabreitman.com

Conéctemonos

Facebook: www.facebook.com/LindaBreitman

Twitter: www.twitter.com/LindaBreitman

Instagram: www.instagram.com/LindaBreitman

YouTube: www.youtube.com/LindaBreitman

MAS RECURSOS

MIRACULOUS IDENTITY:
Unveiling Your Hidden Journey Curriculum

Featuring Teaching Components
- Miraculous Identity: Unveiling Your Hidden Journey
- Miraculous Identity: Study Guide
- Miraculous Identity: Video Series
- Miraculous Identity: Coaching Series
- The Real You: Believing Your True Identity
- The Real You: Activation Manual
- The Real You Video Series
- The Real You Identity Decrees
- The Real You Identity Decrees CD
- The Real You Video Sessions for Leaders
- Soaking In Your True Identity CD

These items can be purchased at:
www.LindaBreitman.com